Hello, Jesus! Where Are You?

Trauma Healing Coloring Book for Caregivers and Children 5-8 Years Old in English and Ukrainian

Sherry Barron

Illustrated by
Anna Brovko

Translated by
Kateryna Chybizova

DEEP
WATERS
BOOKS

Hello, Jesus! Where Are You? Trauma Healing Coloring Book for Caregivers and Children 5-8 Years Old in English and Ukrainian
Copyright © 2026 Sherry Barron

Published by Deep Waters Books, P.O. Box 692301, Orlando, FL 32869
www.deepwatersbooks.com
All rights reserved. No portion of this book may be reproduced, stored in a retrieval system, or transmitted in any form by any means—electronic, mechanical, photocopy, recording, or any other—except for brief quotations in printed reviews, without permission of the author.

Cover Design: June Hardee

First Printing 2026
Printed in the United States of America

Unless otherwise indicated, Scripture quotations are from the COMMON ENGLISH BIBLE. © Copyright 2011COMMON ENGLISH BIBLE. All rights reserved. Used by permission. (www.CommonEnglishBible.com).
Scripture quotations marked MSG are from *THE MESSAGE*, copyright ©1993, 2002, 2018 by Eugene H. Peterson. Used by permission of NavPress. All rights reserved. Represented by Tyndale House Publishers, a Division of Tyndale House Ministries.
Ukrainian Scripture quotations from Father R. Turkonyak, MODERN TRANSLATION (Kyiv, 2022) are used by permission.
Цитати з Писання наведено в перекладі отця Р. Турконяка, СУЧАСНИЙ ПЕРЕКЛАД (Київ, 2022)
Identifiers: ISBN: 978-1-956520-16-3 (pbk.) | LCCN 2025927517

Publisher's Cataloging-in-Publication Data
Names: Barron, Sherry, author. | Brovko, Anna, illustrator. | Chybizova, Kateryna, translator.
Title: Hello, Jesus! Where are You? : trauma-healing coloring book for caregivers and children 5-8 years old in English and Ukrainian / by Sherry Barron ; illustrated by Anna Brovko; translated by Kateryna Chybizova.
Description: Bilingual edition. Orlando, FL : Deep Waters Books, 2025. Includes coloring pages; parent/caregiver discussion guide.
Identifiers: ISBN 978-1-956520-16-3 (pbk.) | LCCN 2025927517
Subjects: Coloring books. | Christian education of children. | War trauma—Religious aspects—Christianity. | Parent and child—Religious aspects—Christianity. | Bilingual books—English and Ukrainian. | BISAC RELIGION / Christian Education / Children & Youth | RELIGION / Christian Living / Parenting | RELIGION / Christianity / General | JUVENILE NONFICTION / Activity Books / Coloring | JUVENILE NONFICTION / Social Topics / Emotions & Feelings | JUVENILE NONFICTION / Religious / Christian / General
Classification: LCC BV1475 .B37 2026 | DDC 268/.432—dc23

Endorsements for "Hello, Jesus. Where Are You?"

"As a pastor, I am grateful for *Hello, Jesus! Where Are You?*—an amazing book offering spiritual support to our little ones in the midst of war's hardships. Sherry Barron's words bring comfort and hope to children, reminding them that Jesus is with them even in their darkest moments. Each page not only reassures a child's heart but also equips parents and caregivers with practical ways to talk about fear, loss, and healing. I deeply respect Sherry's compassionate sensitivity to children's trauma and the hope she offers through faith. This book is a much-needed resource for Christian families, churches, and communities in Ukraine."

Yura Fedoryuk
Lead Pastor
Open Heart Church
Zolotonosha, Ukraine

"Children have a special place in the heart of Jesus. Sherry Barron's *Hello, Jesus! Where Are You?* beautifully brings God's love and compassion into a safe space for children facing horrific circumstances. I am so happy that this resource has been created to guide children to fix their eyes on Jesus during the storms of life. Well done, Sherry, Anna, and team. I am very proud of the work you have done here."

Cody Stanley
Discipleship Pastor
Discovery Church
Orlando, FL

"There is no group of people who have been more victimized by the current war between Ukraine and Russia than the children of Ukraine. Now, when resources are stretched so thin and grown-ups are themselves overwhelmed by the stress and pain of years of war, many parents are unable to or uninformed about how to give their children the care that they need. We may see an entire generation of traumatized, compromised people as these kids grow to adulthood—unless we help them now, while they are still kids, to understand and apply the principles of biblical trauma healing. Sherry Barron's book *Hello, Jesus! Where Are You?* brings that knowledge and inspiration into the family environment in ways that will not only help children connect with our only true Healer and Comforter but will also educate parents how to partner with God to bring peace, comfort, courage, and healing to their households."

Chris & Rahnella Adsit
Trainers & Counselors
Reboot Recovery, International Expansion
Pleasant View, TN

"This book is so beautifully written and guides the listener/reader into a journey of knowledge and healing. Children learn best when they can relate to the character or the subject matter, and this book provides both to those youngsters who are experiencing unimaginable stress. Sherry Barron allows each reader to interact with words, pictures, and follow-up questions that will surely leave a lasting impression and change. Not only does this book provide manageable lessons, but it also equips the parent with questions to personalize each interaction for their child. It is truly a unique and valuable tool for these families."

Christine Leone
Homeschool Teacher
Special Education Teacher
Orlando, FL

∼

Contents [Зміст]

Acknowledgments	viii
Dear Children:	ix
Dear Parents and Caregivers:	x
1. "Who Are the Bad People?"	1
2. "What Makes People Do Bad Things?"	7
3. "Where Will We Be Safe?"	13
4. "Why Is There War?"	19
5. "Who Is Going to Help Us?"	25
6. "What Is Going to Happen to Us?"	31
7. "What's Wrong With My Daddy?"	37
8. "Why Do We Have to Go Away?"	43
9. "Who Will Love Me Now?"	49
10. "What Happened to My Grandpa and Grandma?"	55
11. "Where Did My Friends Go?"	61
12. "Why Am I So Scared?"	67
13. "Who Can Help?"	73
14. "What Happens When We Die?"	79
15. "Is There Really a God?"	85
16. "Why Should I Believe?"	91
Parents and Caregivers' Section	97
Prayers We Can Pray for Children	110
Prayers We Can Pray for Parents and Caregivers	111
About the Author	112
About the Illustrator: Anna Brovko	113
About the Ukrainian Translator: Kateryna Chybizova	114
Resources	115
More Publications by Deep Waters Books	118
Зцілення травм: розмальовка для дітей 5-8 років та їхніх батьків/опікунів англійською	119
Подяка	123
Передмова	124
Любі батьки та опікуни!	125
1. Розділ перший: «Хто такі погані люди?»	127
2. Розділ другий: «Чому люди роблять погані речі?»	133
3. Розділ третій: «Де ми будемо у безпеці?»	139

4. Розділ четвертий: «Чому йде війна?» 145
5. Розділ п'ятий: «Хто нам допоможе?» 151
6. Розділ шостий: «Що з нами буде?» 157
7. Розділ сьомий: «Що сталося з моїм татом?» 163
8. Розділ восьмий: «Чому ми маємо кудись їхати?» 169
9. Розділ дев'ятий: «Хто тепер мене любитиме?» 175
10. Розділ десятий: «Що сталося з моїми дідусем та бабусею?» 181
11. Розділ одинадцятий: «Куди поїхали мої друзі?» 187
12. Розділ дванадцятий: «Чому я така налякана?» 193
13. Розділ тринадцятий: «Хто може допомогти?» 199
14. Розділ чотирнадцятий: «Що відбувається, коли ми помираємо?» 205
15. Розділ п'ятнадцятий: «Чи Бог насправді існує?» 211
16. Розділ шістнадцятий: «Чому мені варто повірити в Бога?» 217

Розфарбуй малюнок, на якому зображено Дмитрика, який дивиться фільм по телевізору і молиться до Ісуса. 222
Розділ для батьків/опікунів 223
Молитва за дітей 237
Молитва за батьків і опікунів 238
Про автора 239
Про художника-ілюстратора 241
Про перекладача українською мовою 242
Ресурси 244

Dedication

I dedicate this book to the children of war.

May you be lifted up before the Lord and given love,
blessings, and encouragement,
for you are our future.

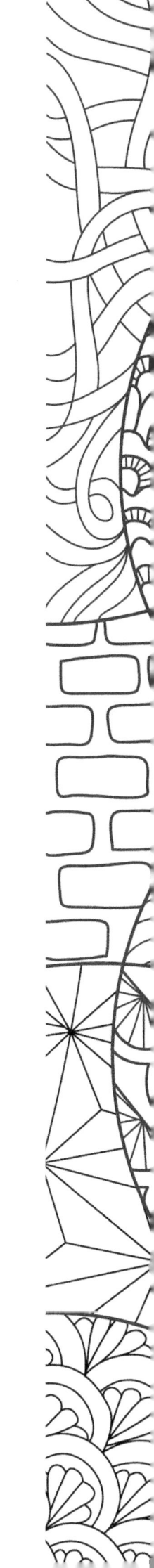

Acknowledgments

A great big *thank you* to all who have bravely committed to saving and serving their country through prayer, support, and the daily battles set before them to endure.

Another great big *thank you* to all who have given their lives as a sacrifice while fighting the enemy.

And one more great big *thank you* to all who contributed to making this book a possibility through their creativity, design, and monetary donations.

Dear Children:

We hope you find many interesting facts in this book written just for you. We want you to read about what other children have experienced as they have endured this war.

Most of all, we want you to know you are loved and prayed for. We desire that you see how much God loves you and wants you to understand that your heavenly Father knows about your hurts and losses, and all about your story. He's waiting to hear from you.

We are praying for you.

Love,
Sherry Barron and Deep Waters Books

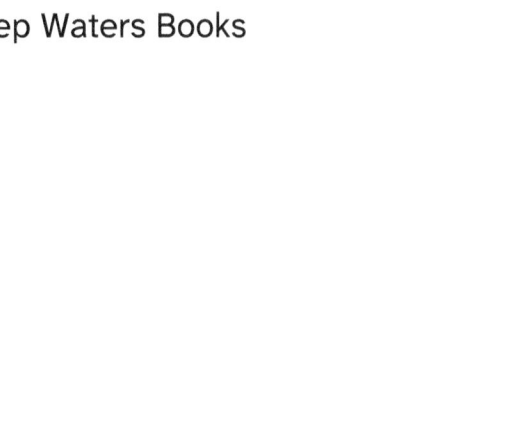

Dear Parents and Caregivers:

This book is designed for children five to eight years old. Each of the sixteen questions was gleaned from interviews with mothers of Ukrainian children who bravely shared their hearts. The title for each chapter is designed to answer one question. The concept is for you to give an interesting answer or to take your child(ren) down a path of discussion and understanding.

These children may be searching and seeking security and comfort but don't really know how to express their needs. God is waiting for you and your loved ones to turn to Him for the answers.

This book is not meant to take the place of a professionally trained expert in post-traumatic stress disorder (PTSD) or war trauma. Instead, it is a supplemental book for parents and caregivers that provides an emotional, spiritual, and practical how-to guide to start conversations and the healing process. We created this book to use as an individual study or in small group activities in a church or school, or at home.

Praying for your success.
Love,
Sherry Barron

Chapter 1
"Who Are the Bad People?"

Hi, everyone! My name is Denys.

One thing I can tell you about myself is that I love to play football. Before we had to move from our home, I played football with my friends every day. Now I don't know where my friends are. I'm really sad that we had to move away because of the bad people. I asked my mommy about who they are.

Mommy said, "Some people think they can just take our country away from us. But we have very brave men and women fighting to save our country. We must keep them in our prayers every day."

I can't wait to go home and see my friends again. I miss them. I hope it is soon!

Parent/Caregiver

Below are some questions you can ask your child(ren) to help them better understand and express their emotions.

What About YOU?

1. Do you miss some of your friends?
_____

2. Who do you miss the most? _____ Why? _____
_____
_____
_____

3. What's the first thing you will do when you see _____ again?
_____
_____
_____

4. Do you have any questions about Denys's story?
_____
_____
_____

"Who Are the Bad People?"

Matching Words to Know

Select the letter of each word's matching definition from Denys's story and put that letter in the blank below. The answer key is found at the end of the book.

Words

1. sad: _____

2. bad: _____

3. brave: _____

4. prayers: _____

Definitions

a. to show courage in a time of danger

b. to speak out to God and ask for help

c. to feel unhappy about something

d. to act in a way that hurts others

What Am I Feeling?

"Come to me, all who are struggling hard and carrying heavy burdens, and I will give you rest."
~ John 11:28

Color the faces below that best describe how you feel.

How I Can Help

Place an "X" next to the box for the idea you like the best, or write your idea on the line.

[ ] I will give Mommy an extra hug today.

[ ] I will do some extra chores.

[ ] I will share my toys with the boy or girl next door.

[ ] _____.

How to Pray

> Dear God, thank you for all the people helping our family.
> Thank you for keeping my friends and family safe.
> Please help all our soldiers be brave.
> Keep them safe too!
> Amen.

Color the drawing showing Denys and his friends playing.

Chapter 2
"What Makes People Do Bad Things?"

Hello! My name is Yulia.

I am eight years old and love to draw pictures. My daddy told me I should be an artist when I grow up. The hardest part of my life right now is that everyone around me seems sad. Sometimes this makes me not want to draw anymore. Yesterday, I asked my mommy why bad people do bad things, like the war.

She said, "Some people want <u>power</u> and money. They harm others in <u>hurtful</u> ways to get those things."

All I know is I see my mommy reading the <u>Bible</u> a lot. She says it helps her <u>trust</u> in God for the answer to her prayers. She is teaching me how to talk to God to ask for help too.

Parent/Caregiver:

Below are some questions you can ask your child(ren) to help them better understand and express their emotions.

What About YOU?

1. Yulia loves to draw pictures. What do you love to do?
   _____
   _____

2. Do you feel like Yulia, because everyone around you is sad too?
   _____

3. How does that make you feel?
   _____

4. Does that also make you want to avoid doing the things you love to do?
   _____

5. What do you think we can do about that?
   _____
   _____

6. Do you have any questions about Yulia's story?
   _____
   _____

"What Makes People Do Bad Things?"

Matching Words to Know

Select the letter of each word's matching definition from Yulia's story and put that letter in the blank below. The answer key is found at the end of the book.

<u>Words</u>

1. power: _____

2. hurtful: _____

3. Bible: _____

4. trust: _____

<u>Definitions</u>

a. to know you can count on someone to be truthful

b. to show the ability to be stronger than someone else

c. to treat someone unkindly

d. the book Christians study to learn about God

Hello, Jesus! Where Are You?

What Am I Feeling?

"Don't be troubled. Trust in God.
Trust also in me [Jesus]!"
~ John 14:1

Color the faces below that best describe how you feel.

"What Makes People Do Bad Things?"

How I Can Help

Place an "X" next to the box for the idea you like the best, or write your idea on the line.

[ ] I will draw a picture of my family and give it to Mommy and Daddy.

[ ] I will ask our neighbor if they need any help.

[ ] I will be kind to my brother and sister.

[ ] _____.

How to Pray

> Dear God, thank you for being such a strong God.
> I ask that you take care of all those who are hurting
> because of the bad people. Heal them so they can
> return to their family safe and sound.
> Amen.

Color the drawing below showing Yulia drawing a picture of her family.

Chapter 3
"Where Will We Be Safe?"

Hi! My name is Alisa.

Sometimes my family calls me Allie. I really miss my brother and father. My mommy told me they are <u>fighting</u> in the war. Mommy, my big sister, and I had to travel a long way to be safe. They call this place a <u>refugee camp</u>. I wonder what "refugee" means. All I know is that it isn't the best place to sleep. I don't like <u>sharing</u> the space with so many other people.

Some of them make so much noise. A lot of mommies and kids cry all the time. I wish all this sadness would end.

Parent/Caregiver:

Below are some questions you can ask your child(ren) to help them better understand and express their emotions.

What About YOU?

1. Who do we know who is fighting in the war?
   _____
   _____

2. Can we pray for them right now?
   _____
   _____

3. What are some of the things you find difficult about where we're living right now? (Especially if you and your child(ren) are refugees or displaced from your home.)
   _____
   _____

4. Do you have any questions about Alisa's story?
   _____
   _____

"Where Will We Be Safe?"

Matching Words to Know

Select the letter of each word's matching definition from Alisa's story and put that letter in the blank below. The answer key is found at the end of the book.

Words

1. fighting: _____

2. refugee: _____

3. camp: _____

4. sharing: _____

Definitions

a. a safe place where many refugees could live while waiting for the end of the war

b. when families must all learn to be kind to each other while living in a camp

c. soldiers who stand up to the enemy have to do this to save their country

d. a person forced to leave their home due to war and live in another place to be safe

Hello, Jesus! Where Are You?

What Am I Feeling?

"His huge, outstretched arms protect you—
under them you're perfectly safe;
his arms fend off all harm."
~ Psalm 91:4 MSG

Color the faces below that best describe how you feel.

"Where Will We Be Safe?"

How I Can Help

Place an "X" next to the box for the idea you like the best, or write your idea on the line.

[ ] Be quiet when Mommy wants to rest.

[ ] Teach my friends a song.

[ ] Say "thank you" to the lady who gives us food.

[ ] _____.

How to Pray

>Dear God, thank you for making me feel safe.
>Please keep my family safe too. Help me remember that you are always there for my family and me.
>Amen.

Color the drawing showing Alisa living in the refugee camp.

Chapter 4
"Why Is There War?"

Hi, friends! I like my name because it was my daddy's name, Roman.

I am still sad ever since Mommy told me my daddy died in the war. He used to be a teacher. He was very smart in math and helped me learn how to be a good student in school. I miss him so much. My best friend's daddy died too. They went to school together and were good at playing basketball. When I grow up, I want to play basketball too if the war has stopped.

Parent/Caregiver:

Below are some questions you can ask your child(ren) to help them better understand and express their emotions.

What About YOU?

1. Can you imagine how sad Roman is about his father having to fight in the war, and that he won't be coming home?
   _____
   _____

2. Can we pray for them right now, and for other families who have lost their loved ones in the war?
   _____
   _____
   _____

3. Roman wants to play basketball when the war is over. What is something you'd like to do after the war is over?
   _____
   _____
   _____

4. Do you have any questions about Roman's story?
   _____
   _____
   _____

"Why Is There War?"

Matching Words to Know

Select the letter of each word's matching definition from Roman's story and put that letter in the blank below. The answer key is found at the end of the book.

<u>Words</u>

1. war: _____

2. teacher: _____

3. smart: _____

4. basketball: _____

<u>Definitions</u>

a. a sport played in a gym where players bounce a large ball and throw it into a special basket to score points

b. to be good at finding answers, such as math problems

c. when countries fight each other using weapons, and bad people force families from their homes

d. a person who is in charge of a classroom so that students can learn

What Am I Feeling?

> "If an army camps against me,
> my heart won't be afraid.
> If war comes up against me,
> I will continue to trust God."
> ~ Psalm 27:3

Color the faces below that best describe how you feel.

"Why Is There War?"

How I Can Help

Place an "X" next to the box for the idea you like the best, or write your idea on the line.

[ ] Draw a picture showing a fun time I have had with Daddy.

[ ] Give Mommy a big hug and tell her how much I love her.

[ ] Keep my room extra clean.

[ ] _____.

How to Pray

> Dear God, thank you for the good daddy you gave me.
> I pray that you will help me and my friend, because we miss
> our daddies so much. Thank you that we can still trust you
> no matter what happens.
> Amen.

Color the drawing showing Roman and his friend.

Chapter 5
"Who Is Going to Help Us?"

Hello! My name is Viktoriya, and I am eight years old.

Hello, Jesus! Where Are You?

I live with my family in our <u>apartment</u> with my little brother. Our dog is also here, and his name is Buddy. We have had a hard time finding food for everyone to eat. Sometimes we hear a loud <u>alarm</u>. We have to run to the <u>shelter</u> quickly in case the bad men send big <u>bombs</u>. I wish I knew who will help us. We are cold in the shelter, but I feel safe. Why can't the bombing stop so I can go back to school and see my friends?

Parent/Caregiver:

Below are some questions you can ask your child(ren) to help them better understand and express their emotions.

What About YOU?

1. Have you heard those alarms (and maybe bombs) like Viktoriya has in the story?
   _____

2. How did those loud noises make you feel?
   _____

3. Have you ever felt that you didn't have enough food?
   _____

4. Do you remember who helped you and your family when that happened?
   _____

5. Who else is helping you now?
   _____

6. Do you think you'll be happy to return to school again? ____
7. What will you do on your first day back?
   _____
   _____

8. Do you have any questions about Viktoriya's story?
   _____
   _____

"Who Is Going to Help Us?"

Matching Words to Know

Select the letter of each word's matching definition from Viktoriya's story and put that letter in the blank below. The answer key is found at the end of the book.

Words

1. apartment: _____

2. alarm: _____

3. shelter: _____

4. bombs: _____

Definitions

a. a warning sound that could signal danger

b. an exploding weapon used to destroy property

c. a building where many families each have some rooms that they live in

d. a safe place away from danger

What Am I Feeling?

"Have mercy on me, God; have mercy on me because I have taken refuge in you. I take refuge in the shadow of your wings until destruction passes by." ~ Psalm 57:1

Color the faces below that best describe how you feel.

How I Can Help

Place an "X" next to the box for the idea you like the best, or write your idea on the line.

[ ] Bring an extra toy with me to share when we go to the shelter.

[ ] Hold my little brother or sister when they are crying.

[ ] Share my coloring book and crayons.

[ ] _____.

How to Pray

> Hello, God, it is me coming to talk to you.
> Our family is getting so tired of having to run to the shelter.
> Can you make the bad people with the bombs go away?
> Thank you for keeping us safe so far. I love you, God!
> Amen.

Color the drawing showing Viktoriya sharing in the shelter.

Chapter 6
"What Is Going to Happen to Us?"

Hello! My name is Anna.

My <u>birthday</u> was <u>yesterday</u>. I had hoped to have a party, but we couldn't have one. We have been moving from town to town for a long time. Now we are living with my Aunt Maria. She tries to help us, but she has a little baby to take <u>care</u> of. My Uncle Dimitri has to fight in the war. My daddy has a very <u>important</u> job, and he lives in another city.

I wonder if my family remembered that yesterday was my birthday. Will we have to keep moving around forever? Can't things just go back to how they used to be? My wish is that we get to go back home very soon so I can have a party with my friends.

Parent/Caregiver:

Below are some questions you can ask your child(ren) to help them better understand and express their emotions.

What About YOU?

1. How do you think it made Anna feel that she could not have a birthday party?
   _____

2. Why was Anna unable to celebrate her birthday like
   _____

3. Have you been sad because we could not do some of the fun things we used to do?
   _____

4. Even though the war is bad for everyone, is there something you have to do that makes you happy right now?
   _____

5. What is something you would really like to do? Maybe we can try to do that.
   _____

6. Do you have any questions about Anna's story?
   _____
   _____

"What Is Going to Happen to Us?"

Matching Words to Know

Select the letter of each word's matching definition from Anna's story and put that letter in the blank below. The answer key is found at the end of the book.

Words

1. birthday: _____

2. yesterday: _____

3. care: _____

4. important: _____

Definitions

a. the day before today started

b. to make someone feel loved and happy

c. to have great value

d. a special day to remember when you were born

What Am I Feeling?

"I know the plans I have in mind for you, declares the Lord;
they are plans for peace, not disaster,
to give you a future filled with hope."
~ Jeremiah 29:11

Color the faces below that best describe how you feel.

"What Is Going to Happen to Us?"

How I Can Help

Place an "X" next to the box for the idea you like the best, or write your idea on the line.

[ ] Help whenever someone needs help holding a baby

[ ] Pray for all to be safe who are fighting the war

[ ] Draw a picture and write a letter to Daddy.

[ ] _____.

How to Pray

God, did you know yesterday was my birthday?
I pray that you will help us find a way to return home.
It seems like we will never go there again.
Please end the war so we can be happy and
have birthday parties again.
Amen.

Color the drawing showing Anna helping her Aunt Maria with the baby.

Chapter 7
"What's Wrong With My Daddy?"

Here is my story. My name is Petro.

I have two older brothers. Our daddy has been a soldier for a long time. Last week, Daddy came home, but he has been so <u>angry</u>. He gets mad when we make any <u>noise</u>. My mommy has a job, so she is not always home. Daddy <u>shouts</u> at us, and we are so <u>afraid</u> of him.

Mommy says he's so angry because of what he saw in the war. War must have been very bad for him. Our neighbor knocked on the door so he could talk to Daddy. I heard him say, "You need some help, friend." I wonder what kind of help our neighbor was talking about. Maybe I can help my dad?

Parent/Caregiver:

Below are some questions you can ask your child(ren) to help them better understand and express their emotions.

What About YOU?

1. How do you think Petro felt when his daddy showed anger?
   _____

2. Has anyone ever yelled at you?
   _____

3. How did you feel after that happened?
   _____
   _____

4. How does it help you to see others reaching out to help?
   _____
   _____

5. How can praying to God help?
   _____
   _____
   _____

6. Do you have any questions about Petro's story?
   _____
   _____
   _____

"What's Wrong With My Daddy?"

Matching Words to Know

Select the letter of each word's matching definition from Petro's story and put that letter in the blank below. The answer key is found at the end of the book.

Words

1. angry: _____

2. noise: _____

3. shouts: _____

4. afraid: _____

Definitions

a. to fear someone or something that upsets you

b. to be mad at someone

c. a sound of any kind

d. to yell at someone with very loud words

Hello, Jesus! Where Are You?

What Am I Feeling?

"Peace I leave with you. My peace I give you.
I give to you not as the world gives.
Don't be troubled or afraid."
~ John 27:1

Color the faces below that best describe how you feel.

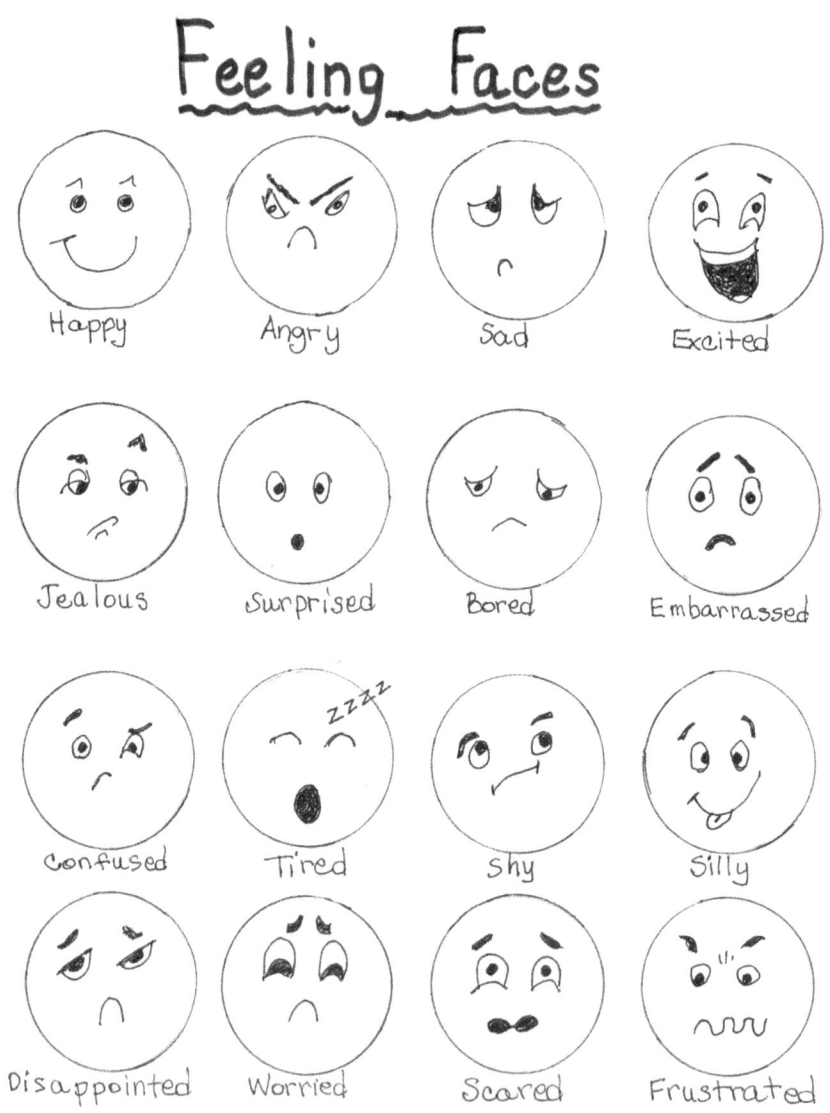

40

"What's Wrong With My Daddy?"

How I Can Help

Place an "X" next to the box for the idea you like the best, or write your idea on the line.

[ ] Take my brother or sister outside to play.

[ ] Pray for Daddy every day.

[ ] Draw a picture showing Daddy how proud I am of him.

[ ] _____.

How to Pray

> Dear God, I wish my daddy was not so mad all the time.
> Can you bring someone to help him?
> Help me love him more and not be afraid of him.
> Thank you for being there for our family.
> I love you!
> Amen.

Color the drawing showing Petro playing with his brothers outside.

Chapter 8
"Why Do We Have to Go Away?"

Valeria is my name.

The other day, I was in my daddy's car when we had an <u>accident</u>. We heard a loud noise and saw a big <u>explosion</u>. Daddy told me a bomb came and hit the building right by us. Some of the bricks landed on our car. Daddy drove fast to get away.

When we got home, Daddy said we had to go live somewhere else. It is not safe for our family here. I started to cry because I don't want to leave. I love my home.

Parent/Caregiver:

Below are some questions you can ask your child(ren) to help them better understand and express their emotions.

What About YOU?

1. Being in a war can be very scary. It must have really scared Valeria to have a bomb hit the building right next to her. What are some things that frightened you?
   _____
   _____

2. Why do you think Valeria's daddy decided they had to live somewhere else?
   _____
   _____

3. If you had to move too, why do you think you and your family had to leave home? Could it be for the same reason Valeria moved?
   _____
   _____

4. What might have happened if Valeria's daddy decided to stay and NOT go?
   _____
   _____

5. Do you have any questions about Valeria's story?
   _____
   _____

Matching Words to Know

Select the letter of each word's matching definition from Valeria's story and put that letter in the blank below. The answer key is found at the end of the book.

Words

1. accident: _____

2. explosion: _____

3. building: _____

4. bricks: _____

Definitions

a. when a bomb explodes and there is a loud noise and resulting damage

b. something bad happens to you or your car that's not your fault

c. a hard blocks made of clay that is used to build a building or wall

d. a place where people live, work, or have an office

What Am I Feeling?

"Our help is in the name of the Lord,
the maker of heaven and earth."
~ Psalm 124:8

Color the faces below that best describe how you feel.

How I Can Help

Place an "X" next to the box for the idea you like the best, or write your idea on the line.

[ ] Help to pack my favorite clothes and toys.

[ ] Accept how Daddy wants to keep us safe.

[ ] Try to think of some good things about the place we're going.

[ ] _____.

How to Pray

> Dear Lord, my mommy told me we must be happy wherever we live.
> I hope that is true. Today I am asking you to help
> my parents find a safe place for us to live.
> Thank you.
> Amen.

Color the drawing showing Valeria helping her mommy and daddy pack their clothes.

Chapter 9
"Who Will Love Me Now?"

My name is Diana.

I am living in a <u>special</u> home. All the <u>children</u> here have no mommy or daddy. Mine died when the bad soldiers came to our village. I was at a friend's house. I did not see what happened, but my friend's mom told me.

I couldn't stay at my home, so I had to live in an <u>orphanage</u>. I miss my mommy and daddy so much. I <u>wonder</u> what will happen to me and if I will ever have a family again."

Parent/Caregiver:

Below are some questions you can ask your child(ren) to help them better understand and express their emotions.

What About YOU?

1. What do you think it would be like to live in an orphanage?
   _____
   _____

2. If a child has lost one or both parents: Tell me a story about your mommy or daddy. What's one of your favorite memories of them?
   _____
   _____

3. Diana must miss her mommy and daddy very much. What could you say to her to make her feel better?
   _____
   _____

4. Who do you think could love Diana now that her mommy and daddy are gone?
   _____
   _____

5. Do you have any questions about Diana's story?
   _____
   _____

"Who Will Love Me Now?"

Matching Words to Know

Select the letter of each word's matching definition from Diana's story and put that letter in the blank below. The answer key is found at the end of the book.

Words

1. special: _____

2. children: _____

3. orphanage: _____

4. wonder: _____

Definitions

a. to have a question about something

b. a different kind of home

c. more than one child

d. a home for children without any parents

Hello, Jesus! Where Are You?

What Am I Feeling?

"Give thanks to the Lord because he is good.
God's faithful love lasts forever!"
~ Psalm 136:1

Color the faces below that best describe how you feel.

"Who Will Love Me Now?"

How I Can Help

Place an "X" next to the box for the idea you like the best, or write your idea on the line.

[ ] Draw a picture of Mommy and Daddy to keep by my bed.

[ ] Find out how I can help hold babies who cry.

[ ] Make sure my bed is always neat.

[ ] _____.

How to Pray

> Dear God, someone told me you will always love me.
> I wonder what it would be like if my mommy and daddy died.
> I am so happy to know you love me all the time.
> Thank you for being there for me.
> I love you!
> Amen.

Color the drawing showing Diana dreaming about her mommy and daddy.

Chapter 10
"What Happened to My Grandpa and Grandma?"

Hi! My name is Feliks. I am eight years old.

I live out in the <u>country</u> with my parents. I have three brothers and one sister. We have many <u>animals</u> on our farm. It is hard to find food for all of them. But my mom and dad are more worried about my grandpa and grandma.

They have been trying to call them every day. They never answer their phone. My dad wants to drive to their village. My mom said it's too dangerous and wants him to stay home. I wish we could get a call from them, so we know they are safe.

Parent/Caregiver:

Below are some questions you can ask your child(ren) to help them better understand and express their emotions.

What About YOU?

1. Is there someone you are especially worried about because you haven't heard from them in a long time?
   _____

2. Can we pray for them right now?
   _____

3. Do you think Feliks's daddy should drive to his grandma and grandpa's village to check on them?
   _____

4. Why would that be a good idea? Or is it a bad idea?
   _____

5. What could Feliks's daddy do instead of driving to their village?
   _____
   _____

6. Do you have any questions about Feliks's story?
   _____
   _____
   _____

"What Happened to My Grandpa and Grandma?"

Matching Words to Know

Select the letter of each word's matching definition from Feliks's story and put that letter in the blank below. The answer key is found at the end of the book.

Words

1. country: _____

2. animals: _____

3. grandpa and grandma: _____

4. dangerous: _____

Definitions

a. something that can cause harm

b. name for the parents of a person's mom and dad

c. living beings that are not human, such as a cow or a horse

d. an area of land that is not land found in the city

What Am I Feeling?

"Cast your burdens on the Lord—
he will support you!"
~ Psalm 55:22

Color the faces below that best describe how you feel.

"What Happened to My Grandpa and Grandma?"

How I Can Help

Place an "X" next to the box for the idea you like the best, or write your idea on the line.

[ ] Help my dad clean the barn.

[ ] Help my brothers feed the animals.

[ ] Help my mom hang up the clothes to dry.

[ ] _____.

How to Pray

Dear God, we want to hear from my grandparents and others we know.
Please let them all be safe and have them call us on the phone.
And, please, God, make the bad people go away.
We are so tired of them.
Amen.

Color the drawing of Feliks doing chores on his farm.

Chapter 11
"Where Did My Friends Go?"

Hello to you! My name is Olena, and I am seven years old.

I used to play with my friends every day. We loved going to school. Now we have no school building since it got blown up. My best friends moved to another city far away. I wish I knew where they were. I would go there too.

It is so hard to wait for school to start again. That makes me so sad. My mommy keeps telling me we must still <u>trust</u> God. She said we should pray every day for his help.

Parent/Caregiver:

Below are some questions you can ask your child(ren) to help them better understand and express their emotions.

What About YOU?

1. Are you missing some of your friends too, like Olena?
   _____

2. Who are you missing the most?
   _____

3. Tell me your favorite memory of your friend. What did you enjoy doing together?
   _____
   _____
   _____

4. Are there any other people you miss?
   _____
   _____

5. How should we pray for God to keep our friends safe? How do you think God could do that?
   _____
   _____

6. Do you have any questions about Olena's story?
   _____
   _____

"Where Did My Friends Go?"

Matching Words to Know

Select the letter of each word's matching definition from Olena's story and put that letter in the blank below. The answer key is found at the end of the book.

<u>Words</u>

1. play: _____

2. friends: _____

3. school: _____

4. trust: _____

<u>Definition</u>

a. the building where students go to learn

b. to believe in or rely on

c. to spend time with friends doing fun things together

d. people you know and spend time with who are not part of your family

Hello, Jesus! Where Are You?

What Am I Feeling?

"Trust in the Lord with all your heart;
don't rely on your own intelligence."
~ Proverbs 3:5

Color the faces below that best describe how you feel.

How I Can Help

Place an "X" in the box next to the idea you like the best, or write your idea on the line.

[ ] Draw a picture of my friends so I won't forget them.

[ ] Ask good questions when Mommy reads stories to me.

[ ] Pray for my family every day.

[ ] _____.

How to Pray

God, I hope you can hear me pray.
Please keep my friends safe and happy.
I pray we will have a new school building soon.
Keep all the teachers and students from being hurt.
Help my mommy and daddy choose a good place for us
to move to so we can be safe too.
Amen.

Color the drawing showing Olena reading books with the drawing of her friends hanging on the wall nearby.

Chapter 12
"Why Am I So Scared?"

Arina here! One thing I love to do is dance.

Because of all the bad people, I don't get to go anymore. The roads are not safe. My mommy told me the teachers cannot drive their cars.

Every day, we hear <u>strange</u> noises outside. I get so <u>scared</u> and hide in my <u>closet</u>. I never know what to do. We don't go outside anymore either. When my mommy teaches me dance steps here at home, I still put on my <u>leotard</u>. Mommy was a dancer when she was my age. She is a good teacher, but I miss my friends and my dance teachers.

Parent/Caregiver:

Below are some questions you can ask your child(ren) to help them better understand and express their emotions.

What About YOU?

1. Arina loves to dance. What do you love to do?
   _____

2. The war has made it impossible for Arina to go to her dance lessons. What fun things have you had to stop doing because of the war?
   _____
   _____

3. What are some of the noises you hear that make you scared?
   _____

4. What do you do when you hear them?
   _____
   _____

5. How can I help you when you get scared like that?
   _____
   _____

6. Do you have any questions about Arina's story?
   _____
   _____
   _____

"Why Am I So Scared?"

Matching Words to Know

Select the letter of each word's matching definition from Arina's story and put that letter in the blank below. The answer key is found at the end of the book.

<u>Words</u>

1. strange: _____

2. scared: _____

3. closet: _____

4. leotard: _____

<u>Definition</u>

a. a small room to store clothes, food, and other items

b. a tight costume worn by dancers, skaters, and athletes while performing

c. some noise or action not known by you

d. to be filled with fear

What Am I Feeling?

"Don't be anxious about anything;
rather, bring all your requests to God
in your prayers and petitions. Amen!"
~ Philippians 4:6

Color the faces below that best describe how you feel.

How I Can Help

Place an "X" in the box next to the idea you like the best, or write your idea on the line.

[ ] Draw a picture of Mommy and me dancing.

[ ] Help Mommy make our dinner today.

[ ] Remember to pray every day.

[ ] _____.

How to Pray

> Dear God, please help us so we have a better place to live.
> We need you to take the bad people far away.
> Would you help my friends too, so they are safe every day?
> Thank you, God, for being there for us!
> Amen.

Color the drawing showing Arina and her mom practicing their dancing steps.

Chapter 13
"Who Can Help?"

Hi, everyone! My name is Maksym.

I am eight years old, and I live in a big city. My father is a <u>pastor</u> of a <u>church</u> where we study the Bible. Because of all the bad people dropping bombs, my daddy is busy. He must be careful when he drives a big truck. He takes food to those who need it. He takes people to the doctor. He also talks to people about <u>God</u> because they need to hear about <u>Jesus</u>. Sometimes I go with him to help. I like to pray for them.

Parent/Caregiver:

Below are some questions you can ask your child(ren) to help them better understand and express their emotions.

What About YOU?

1. Maksym's daddy is very helpful to a lot of people who are having a hard time. What are some of the things he does?
   _____
   _____

2. Can you think of some ways Maksym can help his daddy to help others?
   _____
   _____

3. What are some ways you would like to help others?
   _____
   _____

4. How do you think talking to people about God and Jesus can help them?
   _____
   _____

5. Do you have any questions about Maksym's story?
   _____
   _____
   _____

"Who Can Help?"

Matching Words to Know

Select the letter of each word's matching definition from Maksym's story and put that letter in the blank below. The answer key is found at the end of the book.

Words

1. pastor: _____

2. church: _____

3. God: _____

4. Jesus: _____

Definition

a. the loving Being who made everything you love because he loves you

b. God's Son who came to earth to live with us so we can know about God

c. a building where people go to study the Bible and pray together

d. a person in charge of a group of people studying the Bible

Hello, Jesus! Where Are You?

What Am I Feeling?

"God so loved the world that he gave his only Son, so that everyone who believes in him won't perish but will have eternal life."
~ John 3:16

Color the faces below that best describe how you feel.

"Who Can Help?"

How I Can Help

Place an "X" in the box next to the idea you like the best, or write your idea on the line.

[ ] Tell my friends about who Jesus is.

[ ] Always be ready to help Daddy at church.

[ ] Learn a new song to sing at church.

[ ] _____.

How to Pray

> Dear God, there are so many people who need food.
> There are so many people who are hurt.
> There are so many kids crying because they miss their mommies and daddies.
> Will you help them feel your love today?
> Amen.

Color the drawing showing Maksym helping his daddy take food to people.

Chapter 14
"What Happens When We Die?"

My name is Sofia.

I am so sad today. My family went to a <u>funeral</u> this afternoon. The father of one of my friends died in the war. After we got home, I asked my mommy how he died. She told me he was a brave soldier who was <u>killed</u> while helping our country stay free.

Hello, Jesus! Where Are You?

I asked her, "Where do people go after they die?"

She reminded me God has a place for those who <u>believe</u> in Jesus. It is called <u>heaven</u>.

I asked her if that is where I would go too. She said, "Yes!" I liked her answer.

Parent/Caregiver:

Below are some questions you can ask your child(ren) to help them better understand and express their emotions.

What About YOU?

1. Do you have any friends whose daddy or mommy has died in the war? _____ If so, how could you help your friend feel better?
   _____

2. What do you think happens to people after they die?
   _____

3. Have you ever heard about heaven before?
   _____

4. What do you think it is like there?
   _____
   _____

5. Do you know how a person can be sure they are going to heaven when they die?
   _____
   _____

6. Do you have any questions about Sofia's story?
   _____
   _____

"What Happens When We Die?"

Matching Words to Know

Select the letter of each word's matching definition from Sofia's story and put that letter in the blank below. The answer key is found at the end of the book.

Words

1. funeral: _____

2. killed: _____

3. believe: _____

4. heaven: _____

Definition

a. when you agree with something someone teaches or tells you

b. the place where God lives, and where people go after they die if they believe in Jesus

c. a special event to honor a person who has died

d. when a person did not die naturally, but someone or something caused them to die

What Am I Feeling?

"Even when I walk through the darkest valley,
I fear no danger because you are with me."
~ Psalm 23:4

Color the faces below that best describe how you feel.

How I Can Help

Place an "X" in the box next to the idea you like the best, or write your idea on the line.

[ ] Draw a picture for my friend's family.

[ ] Make some goodies to take to their home.

[ ] Pray for God to be real to them as they miss their daddy.

[ ] _____.

How to Pray

> Dear God, thank you for sending Jesus down here to earth.
> Thank you for saying that I can learn more about him every day.
> Thank you for no longer having to be afraid.
> I pray you will continue to keep me and my family safe.
> Please help my friend's family feel your peace and love.
> They are going to miss their daddy.
> Amen.

Color the drawing showing Sofia making some goodies to take to her friend's family.

Chapter 15
"Is There Really a God?"

Hello! I am Andrei, and I am six years old.

My birthday is in five days, and I will be seven then. Last Sunday, we visited some friends. My mommy is friends with their mommy. They have four children, and one of their sons is my age.

The <u>reason</u> we went is to help them <u>understand</u> who God is. My dad knows a lot about the Bible. They were asking <u>questions</u> so they could decide if God is real. I listened too. My daddy said we should all <u>study</u> the Bible together to get answers to our questions.

Parent/Caregiver:

Below are some questions you can ask your child(ren) to help them better understand and express their emotions.

What About YOU?

1. Where does Andrei's daddy get the information to answer people's questions about God?
   _____
   _____

2. What are some things you already know about God?
   _____
   _____

3. Do you have any other questions about God? Maybe we can find the answers in the Bible by looking together?
   _____
   _____

4. Can you think of anyone who is having trouble who needs to know more about God and Jesus?
   _____
   _____
   _____

5. Do you have any questions about Andrei's story?
   _____
   _____
   _____

"Is There Really a God?"

Matching Words to Know

Select the letter of each word's matching definition from Andrei's story and put that letter in the blank below. The answer key is found at the end of the book.

Words

1. reason: _____

2. understand: _____

3. questions: _____

4. study: _____

Definition

a. to take the time to read about a subject

b. when a person asks for more information about something they don't understand

c. the cause of an event, or an explanation for doing something the way you do it

d. to know what to think about something that makes sense to you

What Am I Feeling?

"We know that God's son has come and has given us understanding to know the one who is true."
~ 1 John 5:20

Color the faces below that best describe how you feel.

"Is There Really a God?"

How I Can Help

Place an "X" in the box next to the idea you like the best, or write your idea on the line.

[ ] Give one of my extra Bibles to our friend's son who is my age.

[ ] Pray for God to help me study more and more each day.

[ ] Pick some flowers I saw in a field to give to Mommy.

[ ] _____.

How to Pray

Dear God in heaven, thank you for all you do for us all the time.
Help us to better understand you more and more each day.
Help us learn about your story so we can share it with others.
I love you, God!
Amen.

Color the drawing showing Andrei picking flowers in the field while playing with his friend.

Chapter 16
"Why Should I Believe?"

Hi! I'm Dimitri!

Yesterday I was at a friend's home. They were showing a movie on their TV. It was about Jesus, God's Son. It was amazing to see Jesus <u>heal</u> people who were <u>blind</u>. He touched their eyes and they could see. One time, he was walking and talking to so many hungry people. A little boy gave Jesus some fish and bread to use for feeding the people. Jesus prayed to God in _heaven_, and there was enough food to feed all those people.

At the end of the movie, my friend's parents asked if I wanted to know and _accept_ Jesus into my heart. I said, "Yes."

When I arrived home, I told my mom about the Jesus film and she wanted to know more. Next time we visit, I hope she accepts Jesus too.

Parent/Caregiver:

Below are some questions you can ask your child(ren) to help them better understand and express their emotions.

What About YOU?

1. How do you think Jesus was able to make that blind man see?
   _____
   _____

2. How do you think Jesus fed all those thousands of people?
   _____
   _____

3. Have you ever done what Dimitri did to ask Jesus into your heart?
   _____
   _____

4. If not, would you like to do that right now? (see page 115)
   _____
   _____

5. Do you have any questions about Dimitri's story?
   _____
   _____

"Why Should I Believe?"

Matching Words to Know

Select the letter of each word's matching definition from Dimitri's story and put that letter in the blank below. The answer key is found at the end of the book.

Words

1. heal: _____

2. blind: _____

3. accept: _____

4. heaven: _____

Definition

a. a place where God can be found

b. to pray over a person who is sick to ask God to make them well again

c. when a person cannot see with their eyes

d. to agree and say yes to an idea

What Am I Feeling?

"You are all God's children through faith in Christ Jesus."
~ Galatians 3:26

Color the faces below that best describe how you feel.

How I Can Help

Place an "X" in the box next to the idea you like the best, or write your idea on the line.

[ ] Ask Mommy and Daddy more about Jesus and his life.

[ ] Draw a picture of Jesus healing the blind people.

[ ] Learn more about what it means to be a child of God.

[ ] _____.

How to Pray

Dear God, thank you for welcoming me into your family as one of your children. Thank you for giving us Jesus. I was sad to see him on the cross, but I understand why he did that now that he died for me.
Thank you for forgiving me for my sins.
Thank you, God, that I get to be with you forever.
Thank you for your love. I sure love you too!
Amen.

Color the drawing showing Dimitri watching the movie on TV and praying to Jesus.

Dimitri prayed, "Dear Jesus, please forgive me for my sins and come into my heart. I want you as my Lord and Savior."

Parents and Caregivers' Section

The Effects of Trauma on Children

Each chapter of this book helps children, their parents, and their caregivers process trauma. This section addresses what to look for and how to address children's needs best.

Chapter 1

Emotional outbursts or isolation can occur when a child is dealing with the trauma they have experienced themselves or heard others talking about. Children will react differently for many reasons. Previous traumatic experiences may influence them, as the ongoing warnings of danger, having to sleep in unknown places, and moving around a lot can all make them feel unsafe. It is hard for them to understand why they feel sad all the time and to process the feelings that they have lost their home, their friends, their school, and, most of all, their family dynamics.

What Helps: Children need to express how they feel about all that has and is happening in their lives. Allow them to say what they are thinking. Those listening can give a loving and caring response without feeling they must fix anything, just by validating the child's emotions, being there to listen, and offering a positive remark such as, "Thank you for sharing."

Children who have experienced trauma should be given positiveness every day to help them gain joy back in their lives.

Chapter 2

Not understanding the behaviors some people exhibit that cause harm to others is one of the most complex concepts for a young mind to comprehend. There is probably a great deal of confusion for children when realizing people have guns and are shooting their neighbors, their friends, and, in some cases, their family members, so the enemy can take over a village or town. Some children may even think it was something they did or said that brought on this conflict. They most likely have experienced fear that is triggered by hearing gunfire, bombs, or warning signals.

What Helps: Teaching a young child the concept of the sin nature, which is found in every person, can help them see it in themselves and understand why there are wars in the world. A simple explanation might look like this:

God in heaven created us to be in his image, but he also gave us the mind to choose to live a life filled with good or choose a life doing bad things. Those who are causing the war to happen have chosen the wrong way to live. Those who are protecting our country and must fight the enemy, even though they choose to live a good life, are trusting God to help them during the stressful times.

Chapter 3

The emotions the trauma of war brings to a child living in a war zone can change from day to day. Some days, a child will feel elated and happy because they had fun playing with another young person. Another day, they might seem depressed because they heard about someone they knew who has been injured or died because of the war. These kinds of events can cause a young child to go through stages of grief such as denial, guilt, anger, loneliness, acceptance, dealing with the situation positively, and finally the healing stage.

What Helps: Be sure to reassure children that they are loved and that they are going through emotional stages that will change them for the better. They may appear frustrated and unable to handle everything they encounter, but God can heal anyone at any stage of the grief process. Our eternal Father is there every step of the way and wants everyone to have a life filled with joy, despite the circumstances they face daily. Having open communication with a child showing signs of grieving can give them the chance for a better understanding of why they feel what they feel. These dialogues will then lead them to have hope for the future.

Chapter 4

As much as a parent or caregiver wants to shield a child from the tragedies war brings to a nation, being honest with a young child about what they hear and see, and how to respond to the circumstances, needs to be addressed. It is essential to be open and honest when discussing the effects of war, especially when death is part of the conversation. From ages five to ten, many children can begin to understand the finality of death, but they should also be told what happens to a body when someone dies. Use simple explanations, such as the body can no longer breathe air, which is needed to keep the brain working and the whole body moving. When someone gets shot with a bullet in an essential organ during war, death usually happens immediately. Not everyone who gets hit will die, but they will have to heal from the wounds.

What Helps: Some good pointers when explaining death to children are to be direct and honest, using clear, age-appropriate language they can understand. First, explain that everyone will die someday. There are also many ways that death comes, such as sickness, car accidents, drowning, home fires, and, of course, the effects of people having to fight a war to defend their country. Let them know about the cultural funeral and burial practices in each country, so they know what to expect when someone they know dies and a ceremony is held. Be sure to offer comfort to a child by giving them time to understand. Allow them to ask questions, and listen closely so you can begin to understand how each child is perceiving the thought of death.

Chapter 5

When a child must quickly pack a suitcase and leave the only home they have ever known, this creates a lot of anxiety. The fear of the unknown is hard for a child to grasp. As they grow older, if their terrors are not addressed with open communication, their list will grow longer. Because there are so many kinds of trauma for children living in a war zone, allow them to ask questions and assure them that you, as the adult, also have fears. Let them in on your approach to dealing with anxiety and the unknown, because it shows them that fear is normal and that there is a way to overcome whatever fear they have. Bringing God into these discussions is crucial to the healing process.

What Helps: Be sure to let the child know you take their fears seriously because you know they are real to them. You may have to give them information about the war situation they have experienced, such as why you had to leave the home you have always lived in due to potential damage. Let them know you want them always to be safe, and that until the war is over, you might have to move around a bit to keep them 100% secure. It is essential during this time of uncertainty to maintain structured family routines and rituals. You can set a time to get up, to eat lunch, to do some schoolwork, and so on. No matter the dynamics of your living situation, routine provides children with a sense of stability and security.

Chapter 6

The idea of being separated from a parent can bring undue anxiety upon a child, especially if they don't understand why both parents are not with them all the time. It will be very important to provide a big-picture view of what the absent parent is doing to be part of solving problems and bringing about an end to the war trauma. Not only do children feel loss when a parent is absent, but it is especially difficult when they can't celebrate their birthday, which is something they look forward to. They will be filled with sadness they don't quite understand, but this is the time to help by giving them extra measures of love and assurance every day.

What Helps: Be sure children don't think their absent parent is away for long periods of time because of something they have done wrong. Visual aids will help them significantly grasp what is truly happening. Making a map of the distance between where the children are and where their daddy is working is helpful. An explanation of why Daddy is away for work and what he might be doing could help a child better accept the absence. Some practical ideas include getting a small journal and setting a daily time to write a note to Daddy, or drawing a picture and dating the page. Putting photos of Daddy up around the room gives children a way to remember a time when that photo was taken. This should bring smiles to their faces. There are so many things that can be done to reassure a child when they feel lonely or out of sorts, but the most important thing a parent/caregiver can do is to show them much love during this difficult time.

Chapter 7

People react differently to the trauma of war, especially when they have returned home to live. An adult who has fought in the war may have a condition called Post-Traumatic Stress Disorder (PTSD) and may be having a hard time adjusting to civilian life again. They will not act normally as they did before the war because this trauma or wounding has caused an abnormal hormone balance. Some of the symptoms could be anger, always appearing to be sad, not being able to sleep because of nightmares, reacting to loud noises, drinking excessively, and/or seeming to be mad all the time. The healthy parent should read up on how to support the wounded parent during this crucial time of transition, because there is hope that healing can take place when everyone in the family understands what is happening.

What Helps: Once a child understands that the wounds their parent has due to PTSD cannot be seen like a cut or a broken arm, they can be a part of the healing process. Having a daily routine of praying for healing turns thoughts to God. When a soldier comes back from war with invisible wounds, extra measures of care and love from his family members can be the first steps to hope for the future. When the whole family has been affected by the trauma of war, words of encouragement from the Bible can be the key ingredient to giving everyone peace as they journey through the healing process together. It is essential to know when triggers or stresses appear in anyone in the family, such as frustration, feeling lonely, feeling out of control, or showing unreasonable behaviors or other abnormal reactions. This is the time to bring the situation to God through prayer.

Chapter 8

Not all children experience traumatic stress after experiencing a traumatic event, but those who do can recover. Now is the crucial time to keep a watchful eye on children who have experienced the trauma of war personally. There are several reactions a child may exhibit due to repeatedly processing the trauma in their mind. Look for crying or yelling outbursts, loss of appetite, and isolation behavior. Seeing a car damaged unexpectedly can raise the level of fear dramatically, so rather than ignore the situation or minimize the problem and damage, a parent or caregiver must take the time to reassure the child that the changes they might have to make, like moving to another location, are going to help them be free from danger.

What Helps: With proper support, many children can adapt to and overcome such experiences. An adult caring for children plays a key role in ensuring the child feels safe. Speak daily about the positive things being done to keep everyone safe. Explain to the child that they are not responsible for what happened. Children often blame themselves for events, even when those incidents are completely out of their control. Be patient. There is no correct timetable for healing. Some children will recover quickly. Others recover more slowly. Try to be supportive and reassure the child that they do not need to feel guilty or bad about any feelings or thoughts. Encouraging them to write their questions, answers, and prayers in a journal can help them process and heal from the trauma, and they can refer to it as progress is made.

Chapter 9

Children traumatized by the unexpected loss of birth parents and having to live in an orphanage may experience recurring nightmares, sleep problems, hypervigilance, concentration problems, persistent negative emotional states, a loss of interest in essential activities, and feelings of detachment. For the well-being of a child who experiences such a significant loss at such a young age, it is vital that caregivers see the signs brought on by the trauma and make sure the children feel loved and cared for daily. Every child in an orphanage should have direct conversations with those caring for them, allowing them to ask questions and receive answers appropriate for their minds to comprehend.

What Helps: An orphanage has the responsibility of ensuring each child receives the nourishment they need for good health. They should have the supplies to ensure the child's education does not fall short of the child's potential. The atmosphere in the orphanage should emphasize that they are one big family and that they can love and care for each other. Ensuring the daily schedule is structured and includes mental, physical, and social activities is vital to the proper development of each child. Teaching life skills alongside academic subjects will prepare orphaned children for adult life as they age out of the orphanage.

Chapter 10

Having daily life disrupted by terrorism and the effects of war brings uncertainty and confusion to the thought process of a young child. It is difficult for them to understand why they can't call their grandparents because the phones aren't working. When a parent or caregiver takes the time to explain what each event that creates uncertainty means, children can learn the skill of resilience and adapt better once they grasp what is truly happening when traumatic events happen to them personally. Missing a loved one brings a real feeling of grief, and keeping the discussions open to achieve a sense of hope that you will see them again gives some emotional stability.

What Helps: This emotionally stressful time for everyone in the family is the perfect time to have a plan in place. This plan could include question-and-answer times, prayer times, game times, reading times, and anything else to look forward to each day. Look at each child's strengths and abilities, and make sure there are opportunities for each child to have time to accomplish something that makes them feel successful. If a child loves to draw, have paper, pencils, crayons, etc. on hand and focus on drawing pictures they will be able to show other members of their family once they are reunited. Keeping a positive perspective despite the war is so helpful in the healing process.

Chapter 11

Social skills are critical during a child's developmental years. When children feel like they don't have any friends, this can lead to depression, anxiety, or other negative consequences. Analyzing why a child may be sad after their friends have moved away is the first step in helping them. A child's capacity for social interaction, communication, and emotional intelligence is key to how well they will develop later in life. It is essential to help them find new friends or activities they can participate in, as this will lead to better life skills. It is not easy for a child to form relationships if they lack experience at each stage of their development.

What Helps: Teaching social skills can be a fun activity for the whole family. Starting early to teach a child how to shake hands and to look someone in the eye when speaking to them builds confidence. Saying something nice to another person, such as a compliment on their clothes or hair, can bring joy to both the child receiving the encouragement and the child offering it. When a family is out together with their kids, they should be taught to describe what they see and how they feel about the scene. Role-playing the practice of greeting one another in the family or asking for directions, etc. builds confidence. Saying thank you to others during an interaction of some sort is also a good skill to practice. Helping children not be afraid when another child speaks to them or when an adult asks them a question can lead to a productive, successful life, even for a shy child.

Chapter 12

Changes to a daily routine can cause stress in young children if not handled properly. As children grow and develop more of their character, parents and caregivers are key to giving a positive outlook on changes. Most likely, a brief explanation of the change and how it affects family dynamics will be enough for a child to cope. Some children have an easier time when it comes to making any transition, but for others, this can be an experience that leads to undue stress and anxiety. That is why it is essential that an open dialogue between adults and children takes place so that all in the family stick together to get through whatever is happening that is out of the ordinary.

What Helps: The most crucial aspect of helping a child get through change is to allow them to show their feelings when they get upset. Assuring them that it is okay to be disappointed about something will help them talk about why they feel the way they do. Again, the importance of maintaining a routine, whether new or old, cannot be underestimated. Also, a structured schedule is so important to give any child a sense of security. Keeping a calm atmosphere can go a long way in building trust. And it will establish a strong foundation that what you propose will be a good change in the long run and provide reassurance that what you say will happen. Of course, when the outside world cannot be controlled, as in a war situation, maintaining a positive outlook and keeping safe as part of the routine will go a long way toward helping everyone navigate the necessary transitions.

Chapter 13

The message in the Bible about knowing and accepting Jesus as your personal Savior is so important. This act carries lifelong implications and can change the whole dynamics of how a child, family, or individual copes with any trauma. God has had a plan all along to love the people in the world, one by one, but sin came into the world to cause chaos, ignorance, and uncertainty. When a person first prays to acknowledge God, admits they are a sinner, and declares Jesus as their Savior, and then reads the Bible to grow in faith as a Christian, their life takes on a new dimension. Jesus's purpose was to change the world's view about how to live a forgiven life, how to love others, and how to have open communication with God through prayer. In John 1:12 in the New Testament of the Bible are these words: "But those who did welcome him [Jesus], those who believed in his [Jesus's] name, he [Jesus] authorized to become God's children."

What Helps: To invite Jesus into any heart of any age, repeat the following prayer:

"Dear God, I believe Jesus is your Son. Thank you that Jesus died on the cross for the wrong things I have done, which are called sins. Please forgive me for sinning. I ask that Jesus be with me and in me always. Help me to be the kind of person you want me to be. Thank you for answering my prayer."

Having a personal relationship with God is so important for everyone, regardless of age. Rest assured that God forgives us, God loves us, and most importantly, God listens to and answers our prayers. Sometimes his answer is "No." Sometimes his answer is "Wait." But many times, his answer is "Yes." It is imperative to teach children how to pray and talk to God. This builds a spiritual foundation that will carry over into adulthood.

Chapter 14

Once a person prays to invite Jesus into their life, they are a Christian. It is essential to study the Bible to truly understand what it means to be a Christian and how to live as one. A vital truth to grasp is the role the Holy Spirit plays in our knowledge of God. When we invite Jesus into our lives, the Holy Spirit comes into our hearts to help us. Jesus came to earth for a time to begin changing the world's view of God. He then returned to heaven to be with God. It is now the Holy Spirit's role to be within each believer, encouraging, blessing, providing, protecting, and so much more. It is the Holy Spirit's job on earth to be the spokesperson for God.

What Helps: One way the Holy Spirit guides individuals, even young children, is to help them live a life filled with the fruit of the Spirit, which are love, joy, peace, patience, kindness, goodness, faithfulness, gentleness, and self-control (Galatians 5:22-23). If a person has not tried to grow in their faith, they will usually not see changes in their sinful behavior. Children can see the difference between good and evil based on the cartoons they have watched or the stories they have read. To live a life that brings a special kind of God's peace, each person should recognize their need to ask forgiveness from God. When the knowledge of what is a sin and what is not is made available, a person can ask the Lord to forgive them for their past mistakes and thank God for their forgiveness. No one is perfect, but a person can be made aware of actions, thoughts, or words that are sins. Parents and caregivers should be ready to help young children see the difference.

Chapter 15

The topics of death and heaven can be challenging for young children to understand, but using age-appropriate terms and concepts will help. For instance, death happens when a person's body stops working, mainly due to injuries or sickness of the heart or brain. Both are vital organs because they keep a person alive. An illness, an accident, a drowning, or war wounds can cause death. All these reasons could be why a person's body stops working. A child may ask questions about what happens to a body after it dies. A helpful explanation is that the body is placed in a box and buried deep in the ground to show respect for that person. Usually, there will be a funeral to celebrate the life of a dead person.

What Helps: There are so many verses in the Bible that explain what and where heaven is. For example, you can paraphrase Revelation 21:4 by saying, "In heaven, God makes sure no one feels like crying. No one will die in heaven or feel bad. They'll be happy." In God's Word, we are told that everyone who believes that Jesus loves them and died for them will live together in heaven one day. Everyone will all be together again and live forever with Jesus (see 1 Thessalonians 4:13-18). Knowing about heaven can give us a strong sense of hope for the future, as it is one of the benefits of believing in Jesus: those who believe will go to heaven and live eternally (or forever). Assure young children that God's love will never go away. He will always send his love whenever they ask. Children should continually read stories from the Bible, which will help them remain mindful of what God offers, despite the daily hardships brought on by war.

Chapter 16

There are many lessons to be learned to bring about change in a family that has not thought about God before. Where there once was fear, if a family knows how to trust in their eternal Father, they will realize the Lord is providing his strength for them to get through as "The Lord is my strength and my shield. My heart trusts him. I was helped, my heart rejoiced, and I thank him" (Psalm 28:7). If sadness has overcome everyone, they can receive comfort from Romans 15:13: "May the God of hope fill you with all joy and peace in faith so that you overflow with hope by the power of the Holy Spirit." God's power is always available to anyone at any age, as the Bible assures us that we have power from God during all problems in life (see Philippians 4:13). We are encouraged to go to the Bible when things are good or bad, as "Every scripture is inspired by God and is useful for teaching, for showing mistakes, for correcting, and for training character, so that the person who belongs to God can be equipped to do everything that is good" (2 Timothy 3:16-17). The Bible is full of verses that can help and comfort us.

What Helps: There are so many guidebooks available to help us develop the skills we need in life. There are music books available to help us learn how to play instruments and sing songs. In any sport or game, rule books outline the rules everyone must follow to be successful. We must look at the Bible as a guide book for the Christian life. It contains instructions, stories, poems, prayers, and words of wisdom that help us understand who God is and who we are as we follow God's Word. Whatever anyone needs during any situation, the answer can be found in the Bible. It is important to ensure everyone has an age-appropriate Bible to study and read about God, Jesus, and the Holy Spirit. It is also important to gather with other believers to worship God and fellowship with one another. It is in that context that meaningful relationships will be solidified to last a lifetime.

∼

Prayers We Can Pray for Children

Lord, sometimes the feeling of hopelessness can come over me as I pray for the children of Ukraine. They have had to suffer so much at the hands of those who have caused this conflict. May you surround them with your outstanding love and give them what they need to be healed, to feel your presence, and, most of all, not to feel alone.

May they be surrounded by those who love them, want only the best for them, and understand how this war has affected them.

Oh God, take away this situation and make the lives of these people better. Give clarity to the children who are confused. Give strength to those who are exhausted from uncertainty.

Provide blessings where the feeling of hopelessness has overcome whole families. We want to trust you, now and forever, for sending Jesus to the cross. We ask that you intervene and bring hope to all those involved.

We love you. Amen.

Prayers We Can Pray for Parents and Caregivers

Lord, we have been discouraged by the prolonged duration of this conflict without any resolution. We are crushed at how many families have been hurt by all the trappings of war. We don't fully understand the situation, but we truly know you are in charge, and we want to trust you no matter what.

God, we know we cannot bring about the change, but we know you are the One who can open up the doors of freedom.

We ask you to keep us, as parents and caregivers, strong with your strength and loving with your love for our children. Please give us endurance for the long haul so we can be good examples to our loved ones.

We can only do these things with your help. Thank you for all you have done, are doing, and will do in the future.

We love you and trust you forever. Amen.

About the Author

While leading a short-term mission trip on the border of Hungary and Ukraine, Sherry Barron and her team worked with traumatized families brought to a family camp organized by Ukrainian Army chaplains. Many had traveled over twenty-four hours by train, seeking hope and healing from the camp Sherry and her team hosted. One look into their weary eyes changed her forever. In that moment, she knew she had to do more.

Compelled to take action, Sherry poured her decades of teaching experience into creating a trauma-healing tool designed specifically for the youngest victims of war. This heartfelt book was conceived as a gentle, supplementary, and creative resource for parents and caregivers to use with children aged five to eight.

Sherry is the author of six books, several of which focus on helping children understand and cope when a parent has suffered from post-traumatic stress (PTS) and post-traumatic stress disorder (PTSD) from the ravages of war. A NASCAR-loving, world-traveling missionary, she delights in sharing the love of Jesus, especially with children. Sherry and her husband live in Florida, where they enjoy sunshine and visits from their married son, daughter-in-law, and their adorable granddaughter. Sherry can be reached at sherrybarronbooks@gmail.com.

About the Illustrator: Anna Brovko

When you discover a gifted young artist—one who also happens to be Ukrainian—you can't help but rejoice in the beauty of her work, especially knowing it was inspired by love for her homeland. God orchestrated a special connection between Sherry and Anna, a talented college student who is pursuing a career in the art world. From that divine meeting, this book was born.

We were incredibly blessed that Anna took on this project while managing the demands of full-time school, bringing the illustrations to life from only verbal descriptions. Her creativity, heart, and dedication shine through every page.

Thank you—and well done!

About the Ukrainian Translator: Kateryna Chybizova

Countless stories are waiting to be told—stories of courage, heartbreak, and hope. Every Ukrainian family that has fled their home, sent loved ones off to fight for freedom, experienced tragedy and death, or now live each day under the shadow of danger deserves our most profound admiration. At the time of printing, over seven million Ukrainians have fled the country, and almost four million have been internally displaced.

We are especially grateful for our translator, Kateryna Chybizova, whose bilingual skills have been instrumental in bringing this book to life. She and her husband are faithfully serving their fellow Ukrainians with strength and compassion, walking alongside those who are hurting.

We ask that you lift the people of Ukraine in prayer daily, asking God to protect, strengthen, and give them endurance as they face long hours and witness suffering that no one should ever have to withstand.

Thank you for your prayers and support.

Resources

For Trainers and Trainees on How to Best Utilize This Resource

This book can be used in many different ways. See below for some helpful suggestions:

1. Parents or caregivers can go through the book with a child or group of children.
2. We suggest doing a lesson each day. The next day, review the previous day's discussion and see if anyone would like to make further comments about what they felt about the situation presented in the chapter.
3. After completing each chapter, little readers can go to a partner or caregiver to explain what they have learned by reviewing the material in that chapter.
4. Adults can ask questions found in the "What about YOU?" section to draw out the children and initiate meaningful discussions.
5. Create time to ask the children to retell the story in their own words and describe the definitions from the "Matching Words to Know" section to show what they have learned.
6. This can also be used as a devotional or study book to help an older child learn English.

7. In chapter sixteen, the story revolves around Dimitri watching the Jesus film and seeing his need to accept Jesus into his heart. If the film is not available where you live, you can pray this prayer with the children individually or in a group. We encourage you to say each phrase and have your young person pray the words after you.

Dear God,
I believe Jesus is your Son.
Thank you for allowing your Son to die on the cross for me.
Forgive me for all the things I have done wrong.
I want to ask Jesus to be with me in my heart forever.
Help me to be the person you want me to be.
Thank you for answering this prayer.
Amen!

8. For further insights into the Christian life, go to crustore.org for additional resources.
9. For further Bible translations and resources, go to biblegateway.com online.

We are praying for your success, and for healing for you and your children as they run to their Savior, their only true source of comfort.

Matching Word Answer Key

Chapter One: 1c, 2d, 3a, 4b
Chapter Two: 1b, 2c, 3d, 4a
Chapter Three: 1c, 2d, 3a, 4b
Chapter Four: 1c, 2d, 3b, 4a
Chapter Five: 1c, 2a, 3d, 4b
Chapter Six: 1d, 2a, 3b, 4c
Chapter Seven: 1b, 2c, 3d, 4a
Chapter Eight: 1b, 2a, 3d, 4c
Chapter Nine: 1b, 2c, 3d, 4a
Chapter Ten: 1d, 2c, 3b, 4a
Chapter Eleven: 1c, 2d, 3a, 4b
Chapter Twelve: 1c, 2d, 3a, 4b
Chapter Thirteen: 1d, 2c, 3a, 4b
Chapter Fourteen: 1c, 2d, 3a, 4b
Chapter Fifteen: 1c, 2d, 3b, 4a
Chapter Sixteen: 1b, 2c, 3d, 4a

More Publications by Deep Waters Books

For more fine books published by Deep Waters Books go to www.deepwatersbooks.com or scan the QR code below:

Зцілення травм: розмальовка для дітей 5-8 років та їхніх батьків/опікунів англійською

Шеррі Баррон
Ілюстрації *Анна Д. Бровко*
Переклад українською *Катерина Чибізова*

Відгуки про книгу «Привіт, Ісусе! Де ти?»

«Як пастор, я вдячний за «Привіт, Ісусе! Де Ти?» – дивовижну книгу, яка пропонує духовну підтримку нашим найменшим у розпал труднощів війни. Слова Шеррі Баррон приносять дітям розраду та надію, нагадуючи їм, що Ісус поруч навіть у їхні найтемніші моменти. Кожна сторінка не лише заспокоює серце дитини, але й надає батькам та опікунам практичні поради, як говорити про страх, втрату та зцілення. Я глибоко поважаю особливу чутливість Шеррі до дитячої травми та ту надію, яку вона пропонує через віру. Ця книга є надзвичайно потрібним ресурсом для християнських родин, церков та спільнот в Україні.»

Юрій Федорюк,
пастор церкви «Відкрите серце»,
м. Золотоноша, Україна

«Діти займають особливе місце в серці Ісуса. Книга ***«Привіт, Ісусе! Де ти?»*** чудово привносить Його любов і співчуття в безпечний простір дітей, які опинилися в неймовірно складних обставинах. Мене дуже тішить, що цей ресурс був створений, щоб допомогти дітям зосередитися на Ісусі під час життєвих випробувань. Шеррі, Анна та вся команда, я неймовірно пишаюся вашою роботою!»

Коді Стенлі,
пастор-наставник,
Церква Discovery, Центральна Флорида, США

«Ніхто не постраждав від тривалої війни між Україною та Росією більше, ніж діти України. Зараз, коли ресурси дуже обмежені, а дорослі й самі перевантажені стресом і травмами від багаторічної війни, багато батьків можуть бути не в змозі або не знають, як надати своїм дітям необхідну підтримку. Коли ці діти виростуть, ми стикнемося з цілим поколінням травмованих, зломлених людей, якщо ми не допоможемо їм (і їхнім батькам) зрозуміти і застосувати принципи біблійного зцілення від травм зараз, поки вони ще діти. Книга Шеррі Баррон *«Привіт, Ісусе! Де ти?»* доносить ці знання та натхнення в сімейне середовище таким чином, щоб не тільки допомогти дітям побудувати відносини з Цілителем і Утішителем, але й навчити батьків, як співпрацювати з Богом, щоб привести мир, втіху, мужність і зцілення в їхні родини».

**Кріс і Ранелла Адсіт,
Тренери - консультанти,
Міжнародна програма
«Reboot Recovery»**

«Ця книга гарно написана і веде слухача/читача в подорож до знань і зцілення. Діти найкраще вчаться, коли можуть співвіднести себе з персонажем або темою, і ця книга надає обидві можливості тим дітям, які переживають неймовірний стрес. Шеррі Баррон запрошує кожного читача до взаємодії зі словами, картинками та додатковими питаннями, які, безсумнівно, залишать тривале враження і призведуть до змін у житті. Ця книга не лише надає практичні уроки, але й споряджає батьків питаннями для практичного застосування прочитаного зі своєю дитиною. Це справді унікальний і цінний інструмент для таких сімей».

**Крістін Леоне,
корекційний педаго
вчитель домашньої школи, Центральна Флорида, США**

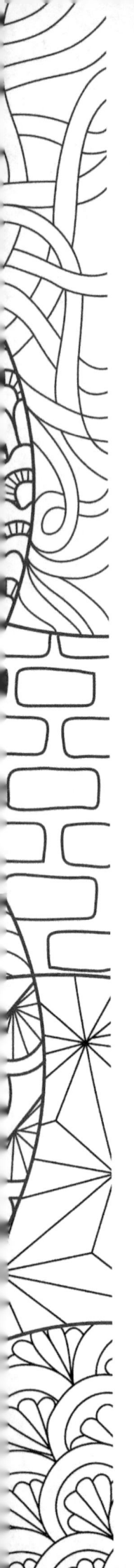

Присвята

Присвячую цю книгу дітям війни. Нехай Господь повсякчас перебуває з вами і дарує вам любов, благословення та підбадьорення, бо ви – наше майбутнє.

Подяка

Величезна подяка всім, хто присвятив себе порятунку своєї країни та служінню їй за допомогою молитви, всебічної підтримки та щоденного подолання викликів.
Велика пошана всім, хто пожертвував своїм життям в боротьбі з ворогом.
І також величезне дякую всім, хто своєю творчістю, дизайном та фінансовими пожертвами долучився до створення цієї книги.

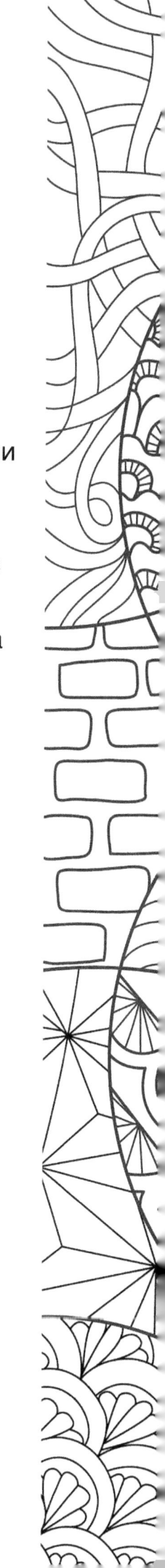

Передмова

Ми сподіваємося, що в цій книжці, написаній спеціально для тебе, ти знайдеш багато цікавих фактів. Ми хочемо, щоб ти прочитав про те, що пережили інші діти під час війни.
Але найбільше ми прагнемо, щоб ти знав, що тебе люблять і про тебе моляться. Ми хочемо, щоб ти зрозумів, як сильно тебе любить Бог, і усвідомив, що твій Небесний Батько знає про твій біль і втрати, Він знає твою історію від початку і до кінця. Він чекає на звістку від тебе.
Ти в наших молитвах!
З любов'ю,
Шеррі Баррон і Deep Waters Books

∽

Любі батьки та опікуни!

Ця книжка призначена для дітей віком від п'яти до восьми років. Кожне з шістнадцяти запитань було взято з інтерв'ю з матерями українських дітей, які відверто поділилися своїми серцями. Кожен розділ створений таким чином, щоб дати відповідь на одне запитання. Концепція полягає в тому, щоб ви самостійно надали цікаву відповідь на запитання або спрямували дитину до обговорення та розуміння.

Можливо, ваші діти шукають і прагнуть безпеки та комфорту, але не розуміють, як висловити свої потреби. Бог чекає на вас і ваших близьких, щоб ви звернулися до Нього за відповідями.

Ця книга не має на меті замінити професійно підготовленого спеціаліста з посттравматичного стресового розладу (ПТСР) або воєнної травми. Натомість вона є допоміжною книгою для батьків та опікунів, емоційним, духовним та практичним посібником, який допоможе розпочати розмову та процес зцілення. Ми створили цю книгу для індивідуального вивчення або для занять у малих групах у церкві, в школі чи вдома.

Молюся за ваш успіх!

З любов'ю,

Шеррі Баррон

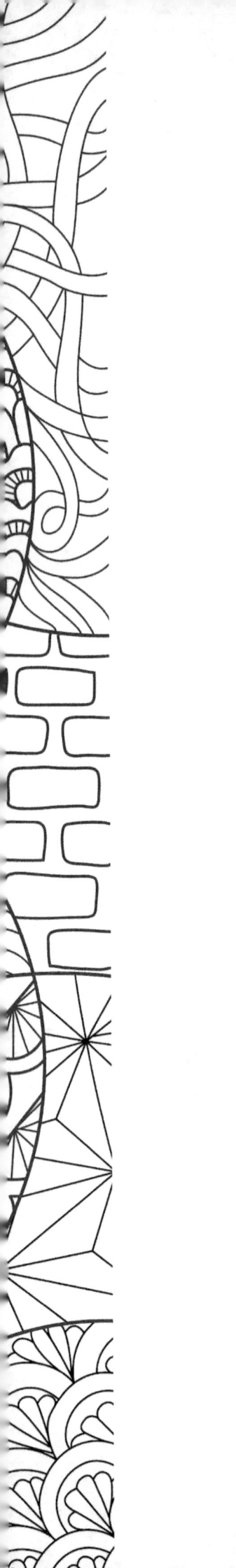

1. Розділ перший: «Хто такі погані люди?»

Всім привіт! Я Денис.

Про себе можу сказати, що н люблю грати у футбол. До переїзду з нашого будинку я щодня грав у футбол з друзями. Тепер я не знаю, де мої друзі. Мені дуже сумно, що нам довелося переїхати через поганих людей. Я запитав у мами, хто такі погані люди.

Мама відповіла: «Деякі люди думають, що можуть просто забрати у нас нашу країну. Але у нас є дуже <u>хоробрі</u> чоловіки і жінки, які борються, щоб врятувати нашу країну. Ми повинні щодня згадувати їх у своїх <u>молитвах</u>».

Я не можу дочекатися, коли повернуся додому і знову побачу своїх друзів. Я сумую за ними. Сподіваюся, це буде скоро!

Батьки/Опікуни

Нижче наведено декілька запитань, які ви можете поставити своїй дитині (дітям), щоб допомогти їй (їм) краще зрозуміти і висловити свої емоції.

А як щодо ТЕБЕ?

1. Чи сумуєш ти за кимось зі своїх друзів?
   _____
   _____

2. За ким ти сумуєш найбільше? _____ Чому?
   _____
   _____

3. Перше, що ти зробиш, коли побачиш _____ знову?
   _____
   _____

4. У тебе є будь-які запитання щодо історії Дениса?
   _____
   _____
   _____

1. Розділ перший: «Хто такі погані люди?»

З'єднай і запам'ятай

Виберіть букву, що відповідає визначенню кожного слова з історії Дениса, і впишіть цю букву в порожнє віконце нижче. Відповіді знаходяться в кінці книги.

Слова

1. сумний: _____

2. поганий: _____

3. хоробрий: _____

4. молитва: _____

Визначення

а. проявляє мужність під час небезпеки

б. звертатися до Бога і просити про допомогу

в. почувається нещасним через щось

г. завдає болю іншим своїми діями

Що я відчуваю?

«Прийдіть до Мене всі втомлені та обтяжені, -
і Я заспокою вас!»
(Матв. 11:28)

Розфарбуй обличчя, які найкраще описують твої почуття

Емоції та почуття

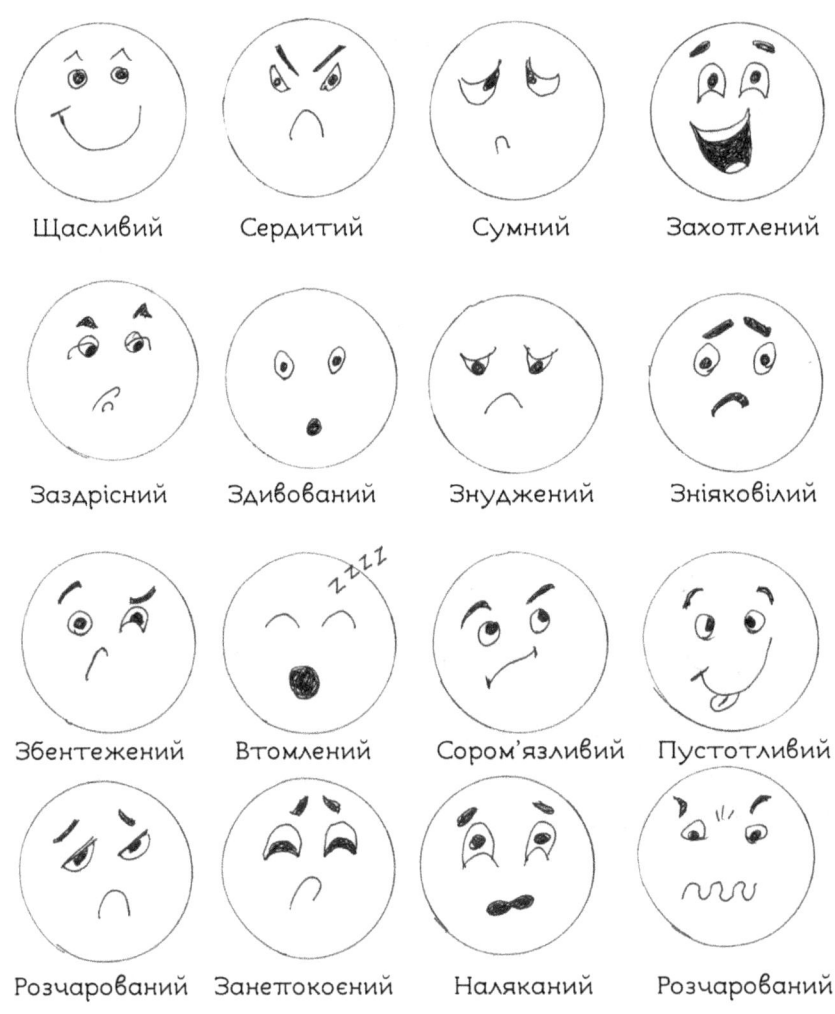

Щасливий Сердитий Сумний Захоплений

Заздрісний Здивований Знуджений Зніяковілий

Збентежений Втомлений Сором'язливий Пустотливий

Розчарований Занепокоєний Наляканий Розчарований

1. Розділ перший: «Хто такі погані люди?»

Як я можу допомогти

Постав позначку "X" поруч з ідеєю, яка тобі подобається найбільше, або напиши свою власну ідею в додатковому рядку.

[ ] Я буду частіше обіймати свою маму сьогодні

[ ] Я буду допомагати по дому більше, ніж зазвичай

[ ] Я поділюся своїми іграшками з хлопчиком або дівчинкою, які живуть по сусідству

[ ] _____.

Як молитися

Дорогий Бог, дякую тобі за всіх людей, які допомагають нашій сім'ї. Дякую, що зберігаєш моїх друзів і мою сім'ю в безпеці. Будь ласка, допоможи всім солдатам бути хоробрими.
Збережи їх в безпеці також!
Амінь.

Розфарбуй малюнок, на якому зображений Денис та його друзі, що граються

2. Розділ другий: «Чому люди роблять погані речі?»

Привіт! Я Юля.

Мені вісім років, і я люблю малювати. Татко каже, що я стану художницею, коли виросту. Найважче в моєму житті зараз те, що всі навколо мене виглядають сумними. Іноді через це мені не хочеться більше малювати. Вчора я запитала маму, чому погані люди роблять погані речі, наприклад, починають війну.

Вона сказала: «Деякі люди жадають <u>влади</u> і грошей. Вони <u>завдають шкоди</u> іншим, щоб отримати бажане».

Я бачу, що моя мама часто читає <u>Біблію</u>. Вона каже, що це їй допомагає <u>довіряти</u> Богу в тому, що Він відповість на її молитви. Вона вчить мене, як розмовляти з Богом і просити Його про допомогу.

Батьки/Опікуни:

Нижче наведено декілька запитань, які ви можете поставити своїй дитині (дітям), щоб допомогти їй (їм) краще зрозуміти і висловити свої емоції.

А як щодо ТЕБЕ?

1. Юля любить малювати. А що ти любиш робити?
   _____

2. Чи відчуваєш ти, як і Юля, що всі навколо сумні?
   _____

3. Як ти почуваєшся з цього приводу?
   _____

4. Чи змушує це тебе також перестати робити те, що тобі подобається?
   _____

5. Що може допомогти в цій ситуації?
   _____

6. У тебе є будь-які запитання щодо історії Юлі?
   _____

2. Розділ другий: «Чому люди роблять погані речі?»

З'єднай і запам'ятай

Виберіть букву, що відповідає визначенню кожного слова з історії Юлі, і впишіть цю букву в порожнє віконце нижче. Відповіді знаходяться в кінці книги.

Слова

1. влада: _____

2. завдавати шкоди: _____

3. Біблія: _____

4. довіра: _____

Визначення

а. впевненість у порядності і надійності іншої людини

б. показувати здатність бути сильнішим за когось іншого

в. ставитися до когось недоброзичливо

г. книга, яку вивчають християни, щоб пізнати Бога

Що я відчуваю?

«Хай не тривожиться ваше серце: вірте в Бога і в Мене (Ісуса) вірте» (Ів. 14:1)

Розфарбуй обличчя, які найкраще описують твої почуття

2. Розділ другий: «Чому люди роблять погані речі?»

Як я можу допомогти

Постав позначку "X" поруч з ідеєю, яка тобі подобається найбільше, або напиши свою власну ідею в додатковому рядку.

[ ] Я намалюю свою сім'ю і подарую малюнок мамі й татові

[ ] Я запропоную сусідам свою допомогу

[ ] Я буду добрим до свого брата чи сестри

[ ] _____.

Як молитися

> Дорогий Бог, дякую Тобі за те, що Ти такий сильний. Прошу Тебе, попіклуйся про всіх, хто страждає через поганих людей. Зціли їх, щоб вони могли повернутися до своїх родин живими і здоровими.
> Амінь.

Розфарбуй малюнок, на якому Юля малює свою сім'ю

3. Розділ третій: «Де ми будемо у безпеці?»

Привіт! Мене звуть Аліса.

Іноді в сім'ї мене називають Еллі. Я дуже сумую за братом і татом. Мама каже, що вони <u>воюють</u> на війні. Нам разом з мамою і старшою сестрою довелося подолати довгий шлях, щоб бути в безпеці. Тепер ми живемо в таборі для біженців. Мені цікаво, що означає «біженець». Я можу сказати, що <u>табір для біженців</u> - не найкраще місце для сну. Мені не подобається <u>ділити</u> простір з такою кількістю людей. Деякі з них створюють чимало шуму. Багато мам і дітей постійно плачуть. Я б хотіла, щоб весь цей смуток закінчився.

Батьки/опікуни:

Нижче наведено декілька запитань, які ви можете поставити своїй дитині (дітям), щоб допомогти їй (їм) краще зрозуміти і висловити свої емоції.

А як щодо ТЕБЕ?

1. Хто з твоїх знайомих зараз служить у війську?
   _____
   _____
   _____

2. Давай помолимося про них просто зараз?
   _____
   _____
   _____

3. До чого тобі особливо важко звикнути в нашому нинішньому місці перебування (особливо якщо ви і ваша дитина (діти) є біженцями або внутрішньо переміщеними особами (ВПО)?
   _____
   _____
   _____

4. У тебе є будь-які запитання щодо історії Аліси?
   _____
   _____
   _____

3. Розділ третій: «Де ми будемо у безпеці?»

З'єднай і запам'ятай

Виберіть букву, що відповідає визначенню кожного слова з історії Аліси, і впишіть цю букву в порожнє віконце нижче. Відповіді знаходяться в кінці книги.

Слова

1. воювати: _____

2. біженці: _____

3. табір: _____

4. ділити: _____

Визначення

а. коли багато сімей живуть в одній великій кімнаті або будинку; їм слід навчитися ввічливому ставленню один до одного, їхнього простору і речей

б. безпечне місце, де багато біженців можуть перебувати до закінчення війни

в. зупиняти ворога, щоб захистити свою країну

г. люди, змушені покинути свій дім через війну і жити в іншому місці, щоб бути в безпеці

Що я відчуваю?

«Своїм оперенням Він закриє тебе, тому під Його крилами ти будеш у безпеці. Його істина – твій щит і зброя» (Пс. 91:4)

Розфарбуй обличчя, які найкраще описують твої почуття

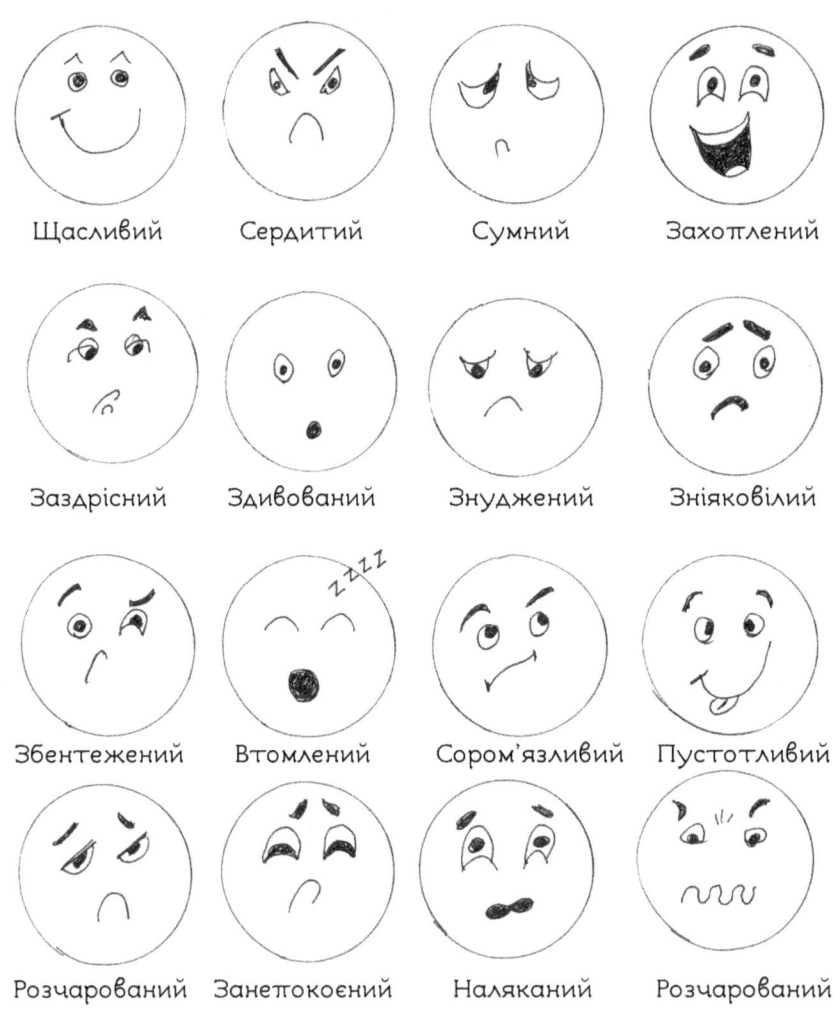

3. Розділ третій: «Де ми будемо у безпеці?»

Як я можу допомогти

Постав позначку "X" поруч з ідеєю, яка тобі подобається найбільше, або напиши свою власну ідею в додатковому рядку.

[ ] Я буду поводитися тихо, коли мама приляже відпочити

[ ] Я вивчу пісню разом з другом

[ ] Я буду дякувати пані, яка приносить нам їжу

[ ] _____.

Як молитися

> Дорогий Бог, дякую, що завдяки Тобі я почуваюся в безпеці. Будь ласка, збережи мою сім'ю. Допоможи мені пам'ятати, що Ти завжди поруч зі мною і моєю сім'єю.
> Амінь.

Розфарбуй малюнок, на якому зображена Аліса, що живе в таборі біженців

4. Розділ четвертий: «Чому йде війна?»

Привіт, друзі!

Мені подобається моє ім'я, бо мене назвали Романом на честь мого тата. Мені дуже сумно відтоді, як мама сказала, що тато загинув на війні. Він був учителем, здібним в математиці і допомагав мені з навчанням в школі. Мені дуже не вистачає мого тата. Тато мого найкращого друга теж загинув. Наші татусі разом ходили до школи і добре грали в баскетбол. Коли я виросту, я теж хочу грати в баскетбол, якщо війна закінчиться.

Батьки/опікуни:

Нижче наведено декілька запитань, які ви можете поставити своїй дитині (дітям), щоб допомогти їй (їм) краще зрозуміти і висловити свої емоції.

А як щодо ТЕБЕ?

1. Чи можеш ти уявити смуток Романа від того, що його тато мусив воювати на фронті, і що він вже ніколи не повернеться додому?
   _____

2. Давай разом помолимося про них і про інші сім'ї, які втратили своїх рідних на війні.
   _____
   _____

3. Після закінчення війни Роман хоче почати грати в баскетбол. А що б ти хотів зробити, коли війна закінчиться?
   _____
   _____

4. У тебе є будь-які запитання щодо історії Романа?
   _____
   _____
   _____

4. Розділ четвертий: «Чому йде війна?»

З'єднай і запам'ятай

Виберіть букву, що відповідає визначенню кожного слова з історії Романа, і впишіть цю букву в порожнє віконце нижче. Відповіді знаходяться в кінці книги.

Слова

1. війна: _____

2. вчитель: _____

3. здібний: _____

4. баскетбол: _____

Визначення

а. вид спорту, в який грають у спортзалі, гравці відбивають від підлоги великий м'яч і закидають його в спеціальний кошик, щоб заробити очки

б. той, хто вміє швидко знаходити відповіді, наприклад, у вирішенні математичних задач

в. коли країни воюють одна з одною, використовуючи зброю, а погані люди змушують сім'ї покидати свої домівки

г. людина, яка допомагає учням здобувати знання

Що я відчуваю?

«Хоча би взяв мене в облогу ворожий табір, моє серце не злякається. Навіть якщо підуть проти мене війною, то й тоді я не втрачатиму надії» (Пс. 27:3)

Розфарбуй обличчя, які найкраще описують твої почуття

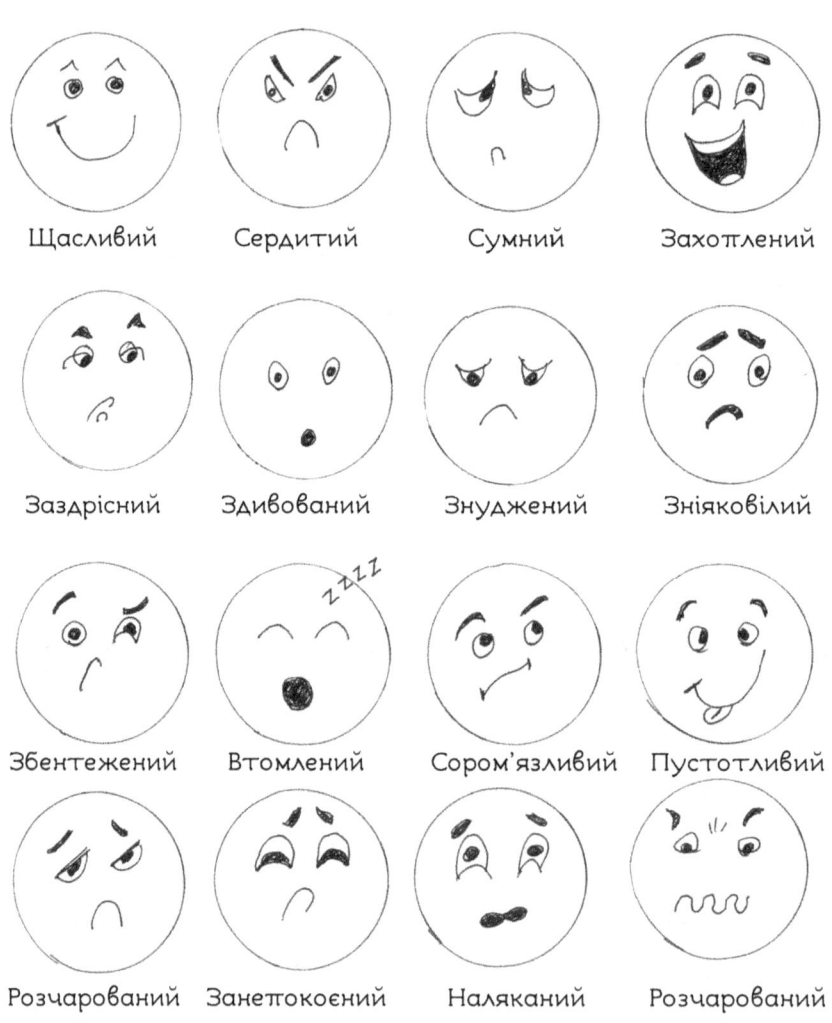

4. Розділ четвертий: «Чому йде війна?»

Як я можу допомогти

Постав позначку "X" поруч з ідеєю, яка тобі подобається найбільше, або напиши свою власну ідею в додатковому рядку.

[ ] Я намалюю малюнок, як я весело проводжу час з татом

[ ] Я міцно обійму маму і скажу їй, як сильно я її люблю

[ ] Я буду підтримувати чистоту у своїй кімнаті

[ ] _____.

Як молитися

> Дорогий Бог, дякую Тобі за чудового тата,
> якого Ти дав мені. Я молюсь, щоб Ти підтримував мене
> і мого друга, бо ми дуже сумуємо за нашими батьками.
> Дякую, що ми можемо довіряти Тобі, не зважаючи на
> обставини.
> Амінь.

Розфарбуй малюнок, на якому зображені Роман та його друг

5. Розділ п'ятий: «Хто нам допоможе?»

Доброго дня!

Мене звуть Вікторія, мені вісім років. Я живу в квартирі разом з батьками і молодшим братом. У нас є собачка Бадді. Нам часом важко знайти їжу, щоб усім вистачило. Іноді ми чуємо гучний сигнал повітряної тривоги. Ми змушені швидко бігти в укриття на випадок, якщо погані люди запускатимуть великі ракети. Якби я знала, хто може нам допомогти... У сховищі холодно, але я почуваюся у безпеці. Якби повітряні атаки припинилися, я б змогла знову ходити до школи і побачити своїх друзів.

Батьки/опікуни:

Нижче наведено декілька запитань, які ви можете поставити своїй дитині (дітям), щоб допомогти їй (їм) краще зрозуміти і висловити свої емоції.

А як щодо ТЕБЕ?

1. Ти чув сигнали повітряної тривоги (і можливо вибухи), про які згадує в своїй історії Вікторія?
   _____

2. Що ти відчував, чуючи ці гучні звуки?
   _____

3. Чи ти коли-небудь відчував, що нашій сім'ї не вистачає їжі?
   _____

4. Ти пам'ятаєш, хто нам допоміг, коли це сталося?
   _____

5. Хто ще допомагає нам зараз?
   _____

6. Ти хочеш почати знов ходити до школи? Що ти зробиш в перший шкільний день?
   _____

7. У тебе є будь-які запитання щодо історії Вікторії?
   _____

5. Розділ п'ятий: «Хто нам допоможе?»

З'єднай і запам'ятай

Виберіть букву, що відповідає визначенню кожного слова з історії Вікторії, і впишіть цю букву в порожнє віконце нижче. Відповіді знаходяться в кінці книги.

Слова

1. квартира: _____

2. сигнал тривоги: _____

3. укриття: _____

4. ракета: _____

Визначення

а. сигнал, який попереджає про небезпеку

б. зброя, яка вибухає і спричиняє руйнування

в. окреме приміщення в будинку, яке складається з декількох кімнат, в якому живе сім'я

г. безпечне місце подалі від небезпеки

Що я відчуваю?

«Помилуй мене, Боже, помилуй мене, бо на Тебе покладається душа моя, і в тіні Твоїх крил я перебуватиму доки не мине лихо»
(Пс. 57:2)

Розфарбуй обличчя, які найкраще описують твої почуття

Емоції та почуття

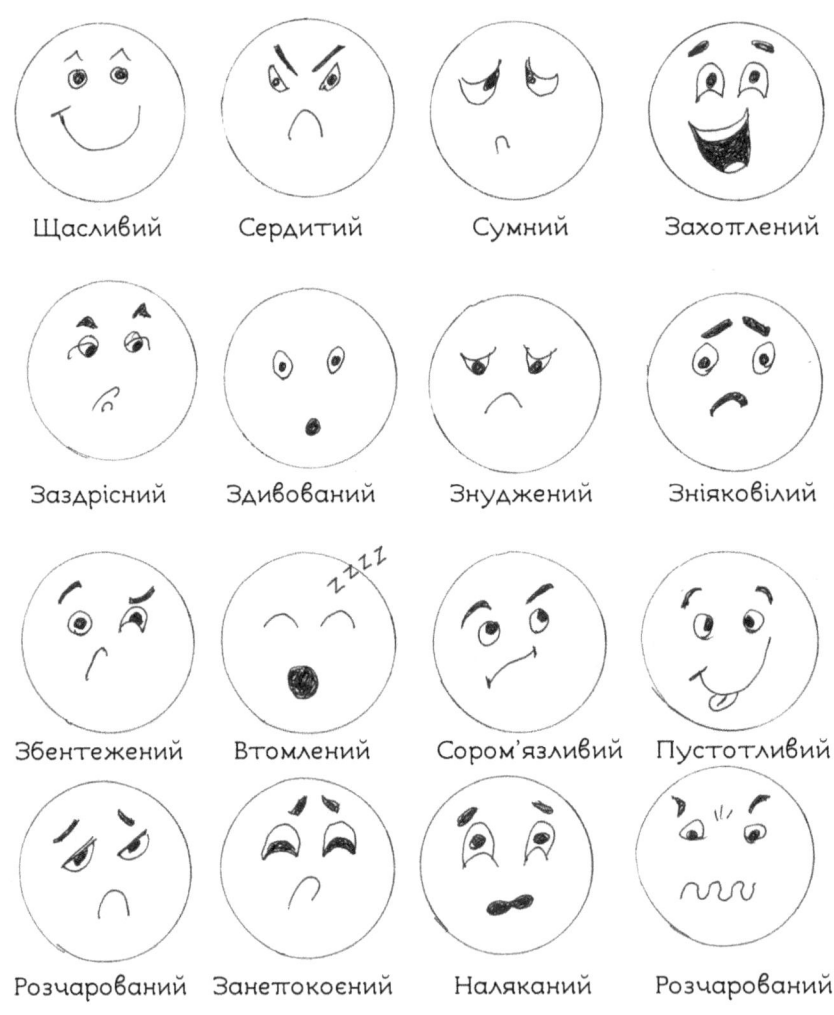

Щасливий	Сердитий	Сумний	Захоплений
Заздрісний	Здивований	Знуджений	Зніяковілий
Збентежений	Втомлений	Сором'язливий	Пустотливий
Розчарований	Занепокоєний	Наляканий	Розчарований

5. Розділ п'ятий: «Хто нам допоможе?»

Як я можу допомогти

Постав позначку "Х" поруч з ідеєю, яка тобі подобається найбільше, або напиши свою власну ідею в додатковому рядку.

[ ] Я візьму з собою в укриття ще одну іграшку, щоб ділитися з іншими дітьми

[ ] Я візьму свого маленького братика або сестричку на руки, якщо вони заплачуть

[ ] Я поділюся своєю розмальовкою і олівцями

[ ] _____.

Як молитися

> Привіт, Боже, це я звертаюсь до Тебе в молитві. Ми так втомилися від постійної необхідності бігати в укриття. Ти міг би змусити поганих людей з ракетами залишити нас у спокої? Дякую, що досі бережеш наше життя.
> Я люблю Тебе, мій Бог!
> Амінь.

Розфарбуй малюнок, на якому зображена Вікторія, яка ділиться з іншими в укритті

6. Розділ шостий: «Що з нами буде?»

Привіт, я Анна!

Вчора був мій день народження. Я сподівалася на вечірку, але ми не змогли її влаштувати. Ми вже давно переїжджаємо з міста в місто. Зараз ми живемо з моєю тіткою Марією. Вона намагається нам допомагати, але у неї є маленька дитина, про яку треба теж піклуватися. Мій дядько Дмитро служить у війську. У мого тата дуже важлива робота, і він живе в іншому місті. Цікаво, чи пам'ятають мої рідні, що вчора у мене був день народження? Невже нам доведеться вічно переїжджати? Я б хотіла, щоб все було, як раніше, щоб ми якнайшвидше повернулися додому, і тоді я б змогла влаштувати вечірку з друзями.

Батьки/Опікуни:

Нижче наведено декілька запитань, які ви можете поставити своїй дитині (дітям), щоб допомогти їй (їм) краще зрозуміти і висловити свої емоції.

А як щодо ТЕБЕ?

1. Як ти думаєш, що відчувала Анна, коли не змогла відсвяткувати свій день народження?
   _____

2. Що завадило Анні відсвяткувати свій день народження так, як вона звикла?
   _____

3. Чи сумуєш ти через неможливість робити деякі веселі речі, які ти раніше робив?
   _____

4. Незважаючи на те, що війна засмучує кожного, чи є щось з твоїх справ, що дарує тобі радість посеред війни?
   _____

5. Чи є щось, що б ти дуже хотів зробити? Можливо, ми можемо спробувати це зробити разом.
   _____

6. У тебе є будь-які запитання щодо історії Анни?
   _____
   _____

6. Розділ шостий: «Що з нами буде?»

З'єднай і запам'ятай

Виберіть букву, що відповідає визначенню кожного слова з історії Анни, і впишіть цю букву в порожнє віконце нижче. Відповіді знаходяться в кінці книги.

Слова

1. день народження: _____

2. вчора: _____

3. піклуватися: _____

4. важливий: _____

Визначення

а. день, який був перед сьогоднішнім днем

б. дбати, щоб хтось відчув себе коханим і щасливим

в. мати велику цінність

г. особливий день, який нагадує, коли ти народився

Що я відчуваю?

«Адже лише Я знаю наміри, які Я маю щодо вас, - говорить Господь, - наміри про ваш спокій, а не про лихо, аби забезпечити вас добробутом у майбутньому і надією»
(Єр. 29:11)

Розфарбуй обличчя, які найкраще описують твої почуття

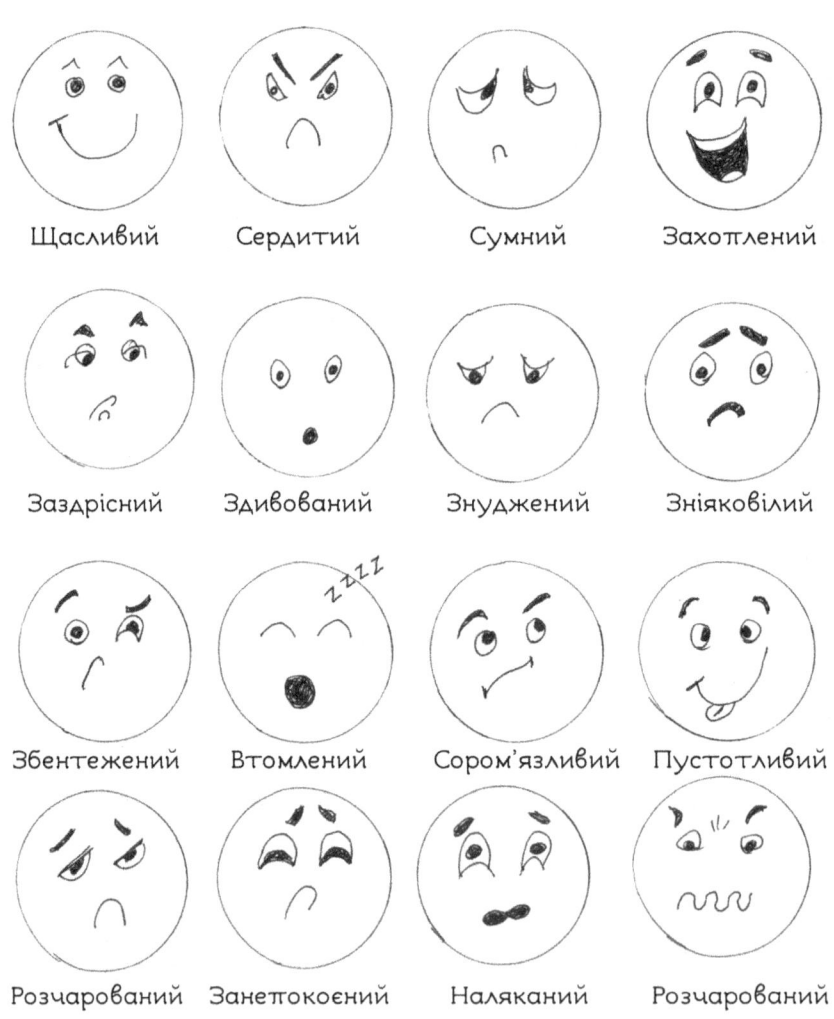

6. Розділ шостий: «Що з нами буде?»

Як я можу допомогти

Постав позначку "Х" поруч з ідеєю, яка тобі подобається найбільше, або напиши свою власну ідею в додатковому рядку.

[ ] Я допоможу потримати маленьку дитину на руках при необхідності

[ ] Я буду молитися за безпеку всіх, хто воює на війні

[ ] Я намалюю малюнок і напишу листа таткові

[ ] _____.

Як молитися

> Бог, Ти знаєш, що вчора у мене був день народження?
> Молюсь, щоб Ти допоміг нам знайти можливість
> повернутися додому. Складається враження, що ми
> ніколи не повернемось. Будь ласка, зупини війну, щоб
> ми знову були щасливі і могли святкувати дні
> народження.
> Амінь.

Розфарбуй малюнок, на якому Анна допомагає тітці Марії з дитиною

7. Розділ сьомий: «Що сталося з моїм татом?»

Мене звати Петро.

Ось моя історія. У мене є два старших брата. Наш тато вже давно служить у війську. Минулого тижня тато повернувся додому, але він постійно сердитий. Він сердиться, коли ми створюємо будь-який шум. Мама працює, тому не завжди буває вдома. Тато кричить на нас, а ми його дуже боїмося. Мама каже, що він такий злий через те, що він щодня бачив на війні. Війна, мабуть, дуже погано вплинула на нього. Наш сусід постукав у двері, щоб поговорити з татом. Я чув, як він сказав: «Тобі потрібна допомога, друже». Цікаво, про яку допомогу говорив наш сусід. Може, я можу допомогти татові?

Батьки/Опікуни:

Нижче наведено декілька запитань, які ви можете поставити своїй дитині (дітям), щоб допомогти їй (їм) краще зрозуміти і висловити свої емоції.

А як щодо ТЕБЕ?

1. Як ти думаєш, що відчував Петро, коли його тато проявляв гнів? _____

2. Хтось коли-небудь кричав на тебе?
   _____

3. Що ти відчував після того, як це сталося?
   _____

4. Яким чином підтримка інших людей допомагає вирішити проблему?
   _____

5. Як може допомогти молитва до Бога?
   _____
   _____

6. У тебе є будь-які запитання щодо історії Петрика?
   _____
   _____

7. Розділ сьомий: «Що сталося з моїм татом?»

З'єднай і запам'ятай

Виберіть букву, що відповідає визначенню кожного слова з історії Петра, і впишіть цю букву в порожнє віконце нижче. Відповіді знаходяться в кінці книги.

Слова

1. сердитися: _____

2. шум: _____

3. кричати: _____

4. боятися: _____

Визначення

а. мати страх стосовно когось або чогось, що вас засмучує

б. гніватися на когось

в. будь-який звук

г. гучно верещати на когось

Що я відчуваю?

«Мир залишаю вам, Мій мир Я даю вам.
Не так, як світ дає, Я даю вам.
Хай не тривожиться ваше серце і не лякається»
(Ів. 14:27)

Розфарбуй обличчя, які найкраще описують твої почуття

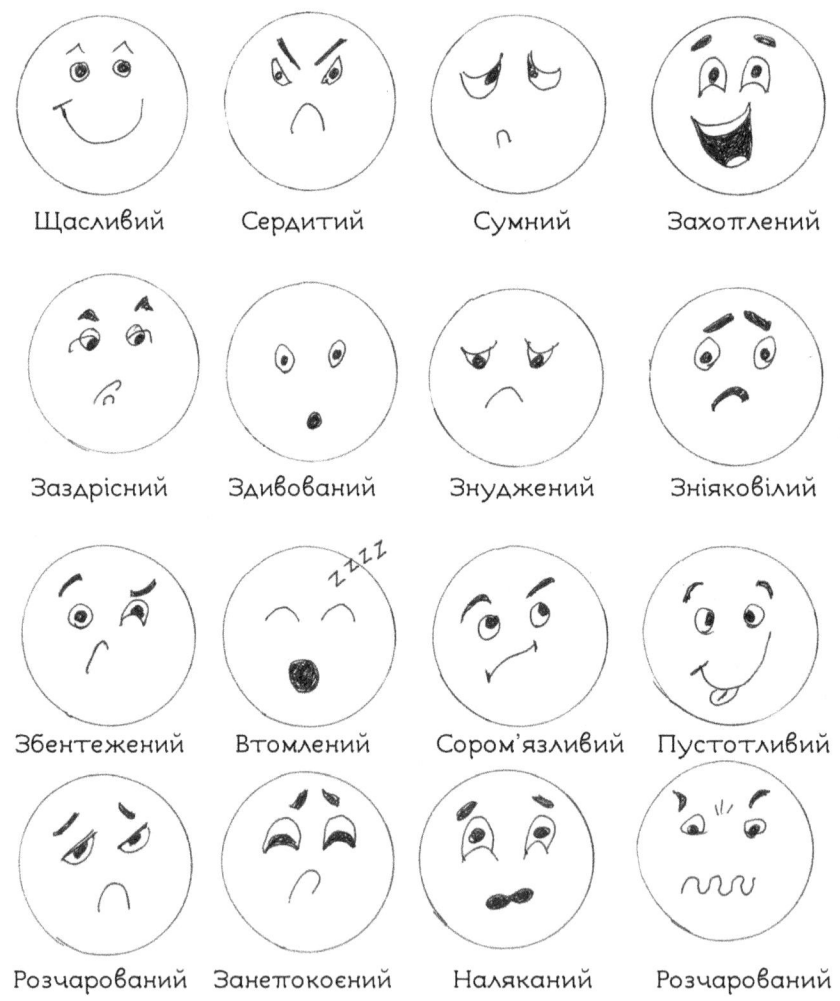

Як я можу допомогти

Постав позначку "X" поруч з ідеєю, яка тобі подобається найбільше, або напиши свою власну ідею в додатковому рядку.

[ ] Я візьму братика або сестричку на прогулянку

[ ] Я щодня молитимуся за татка

[ ] Я намалюю малюнок, на якому зображу, як я пишаюся своїм татом

[ ] _____.

Як молитися

> Дорогий Боже, мені б хотілося, щоби тато не був весь час сердитим. Будь-ласка, нехай йому хтось допоможе в цьому. Допоможи мені любити його більше і не боятися його.
> Дякую, що Ти з нами.
> Я тебе люблю.
> Амінь.

Розфарбуй малюнок, на якому Петро грається зі своїми братами на вулиці

8. Розділ восьмий: «Чому ми маємо кудись їхати?»

Мене звати Валерія.

Одного разу ми з татом їхали в машині, коли стався <u>нещасний випадок</u>. Ми почули сильний шум і побачили великий <u>вибух</u>. Тато сказав мені, що ракета влучила в <u>будівлю</u> прямо біля нас. Кілька цеглин впали на нашу машину. Тато швидко поїхав звідти. Коли ми повернулися додому, тато сказав, що нам треба переїхати в інше місце. Тут для нашої сім'ї небезпечно. Я почала плакати, тому що не хочу їхати. Я люблю свій дім.

Батьки/Опікуни:

Нижче наведено декілька запитань, які ви можете поставити своїй дитині (дітям), щоб допомогти їй (їм) краще зрозуміти і висловити свої емоції.

А як щодо ТЕБЕ?

1. Жити в умовах війни може бути дуже страшно. Мабуть, Валерію сильно налякало те, що ракета влучила в будинок поруч з нею. А що з того, що ти пережив за час війни, налякало тебе найбільше? _____
_____

2. Як ти думаєш, чому тато Валерії вирішив, що їм слід переїхати в інше місце?
_____

3. Якщо твоїй родині теж довелося переїхати, як ти думаєш, чому? Чи схожа причина вашого переїзду з ситуацією Валерії?
_____

4. Що могло б статися, якби тато Валерії вирішив залишитися і НЕ їхати?
_____
_____

5. У тебе є будь-які запитання щодо історії Валерії?
_____

8. Розділ восьмий: «Чому ми маємо кудись їхати?»

З'єднай і запам'ятай

Виберіть букву, що відповідає визначенню кожного слова з історії Валерії, і впишіть цю букву в порожнє віконце нижче. Відповіді знаходяться в кінці книги.

Слова

1. нещасний випадок: _____

2. вибух: _____

3. будівля: _____

4. цегла: _____

Визначення

а. коли ракета розривається і виникає сильний шум і, як наслідок, пошкодження

б. коли з тобою або твоїм автомобілем трапляється щось погане, але не з твоєї вини

в. твердий блок з глини, який використовується для будівництва будівлі або стіни

г. місце, де люди живуть, працюють або мають офіс

Що я відчуваю?

«Наша поміч в Імені Господа,
Котрий створив небо й землю»
(Пс. 124:8)

Розфарбуй обличчя, які найкраще описують твої почуття

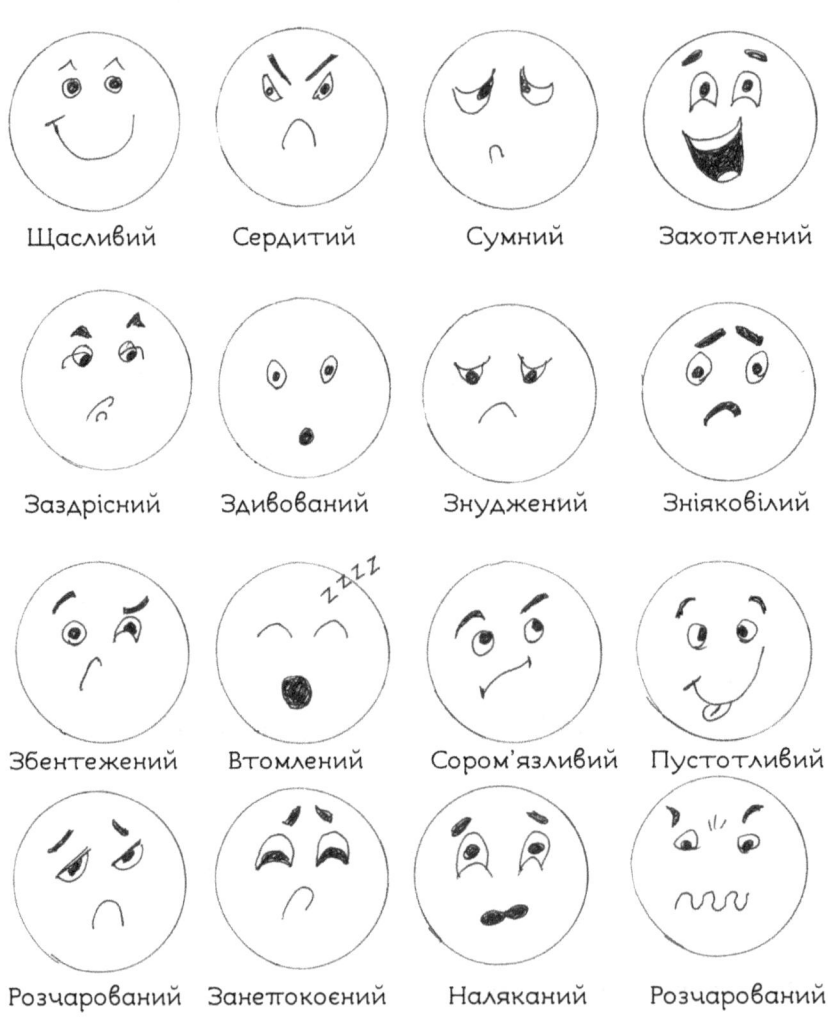

8. Розділ восьмий: «Чому ми маємо кудись їхати?»

Як я можу допомогти

Постав позначку "X" поруч з ідеєю, яка тобі подобається найбільше, або напиши свою власну ідею в додатковому рядку.

[ ] Я допоможу спакувати мій улюблений одяг та іграшки

[ ] Я прийму з вдячністю рішення татка про переїзд в безпечне місце

[ ] Я спробую подумати про переваги місця, куди ми змушені переїхати

[ ] _____.

Як молитися

> Дорогий Господь, мама каже, що ми маємо бути щасливими,
> де б ми не жили. Я сподіваюся, що це правда.
> Сьогодні я прошу Тебе допомогти моїм мамі і татові
> знайти безпечне місце, де ми зможемо жити.
> Дякую Тобі.
> Амінь.

Розфарбуй кольоровими олівцями малюнок, на якому Валерія допомагає мамі й татові спакувати речі

9. Розділ дев'ятий: «Хто тепер мене любитиме?»

Мене звуть Діана.

Я живу в <u>особливому</u> домі. У всіх <u>дітей</u> тут немає мами і тата. Мої батьки загинули, коли погані солдати прийшли в наше село. Я в цей час була у своєї подруги. Я не бачила, що сталося, мені розповіла мама моєї подруги. Я не могла більше залишатися вдома, тому мені прийшлося переїхати в <u>дитячий будинок</u>. Я дуже сумую за мамою і татом. Я <u>замислююсь</u>, що буде зі мною далі і чи у мене ще буде колись сім'я.

Батьки/Опікуни:

Нижче наведено декілька запитань, які ви можете поставити своїй дитині (дітям), щоб допомогти їй (їм) краще зрозуміти і висловити свої емоції.

А як щодо ТЕБЕ?

1. Як ти собі уявляєш життя у дитячому будинку?
   _____
   _____

2. Якщо дитина втратила одного або обох батьків: Розкажи мені про своїх тата і маму. Які твої улюблені спогади про них?
   _____
   _____

3. Діана дуже сумує за батьками. Що б ти сказав їй для підтримки і підбадьорення?
   _____
   _____

4. Як ти гадаєш, хто любитиме Діану тепер, коли її мами і тата більше немає?
   _____
   _____

5. У тебе є будь-які запитання щодо історії Діани?
   _____
   _____

9. Розділ дев'ятий: «Хто тепер мене любитиме?»

З'єднай і запам'ятай

Виберіть букву, що відповідає визначенню кожного слова з історії Діани, і впишіть цю букву в порожнє віконце нижче. Відповіді знаходяться в кінці книги.

Слова

1. особливий: _____

2. діти: _____

3. дитячий будинок: _____

4. замислюватися: _____

Визначення

а. мати питання про щось

б. інший тип будинку

в. більше однієї дитини

г. притулок для дітей, які не мають батьків

Що я відчуваю?

«Прославляйте Господа,
бо Він добрий, і милосердя Його вічне!» (Пс. 136:1)

Розфарбуй обличчя, які найкраще описують твої почуття

Емоції та почуття

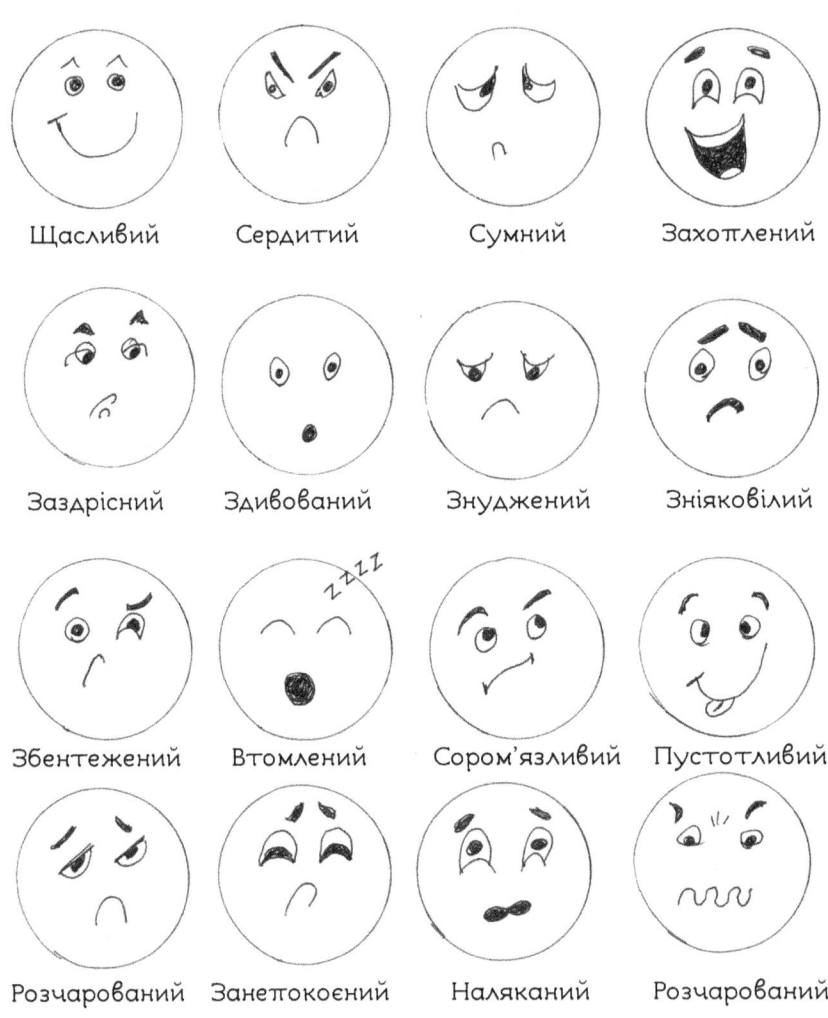

Щасливий · Сердитий · Сумний · Захоплений

Заздрісний · Здивований · Знуджений · Зніяковілий

Збентежений · Втомлений · Сором'язливий · Пустотливий

Розчарований · Занепокоєний · Наляканий · Розчарований

9. Розділ дев'ятий: «Хто тепер мене любитиме?»

Як я можу допомогти

Постав позначку "X" поруч з ідеєю, яка тобі подобається найбільше, або напиши свою власну ідею в додатковому рядку.

[ ] Я намалюю маму і тата і поставлю малюнок біля свого ліжка

[ ] Я дізнаюсь, як я можу допомогти з малюками, які плачуть

[ ] Я буду охайно застеляти своє ліжко

[ ] _____.

Як молитися

Дорогий Господь, хтось сказав мені, що Ти завжди будеш любити мене. Я думаю про те, як я буду жити, якщо у мене не стане батьків. Я щаслива знати, що Ти любиш мене, не дивлячись ні на що.
Дякую, що Ти завжди поруч. Я Тебе люблю!
Амінь.

Розфарбуй малюнок, на якому Діана бачить своїх маму й тата уві сні

10. Розділ десятий: «Що сталося з моїми дідусем та бабусею?»

Привіт! Я Фелікс, мені 8 років.

Я живу в селі разом з батьками. У мене ще є три брати і сестра. На нашій фермі багато тварин, яких іноді важко прогодувати. Але мої батьки більше переживають про моїх бабусю і дідуся. Вони щодня намагаються зв'язатися з ними, але їх телефон не відповідає. Мій тато хоче поїхати до них. Мама каже, що це занадто небезпечно, і просить його не їхати. Було б добре отримати дзвінок від них і упевнитися, що з ними все добре.

Батьки/Опікуни:

Нижче наведено декілька запитань, які ви можете поставити своїй дитині (дітям), щоб допомогти їй (їм) краще зрозуміти і висловити свої емоції.

А як щодо ТЕБЕ?

1. Чи є хтось, про кого ти особливо переживаєш зараз, тому що давно не мав від нього (них) звісточки?
   _____

2. Давай помолимося про них зараз?
   _____

3. Чи слід татові Фелікса їхати до бабусі і дідуся, щоб впевнитися, що вони в безпеці?
   _____

4. Чому важливо поїхати? Або чому краще не їхати?
   _____

5. Що тато Фелікса може зробити крім поїздки до бабусі і дідуся?
   _____

6. У тебе є будь-які запитання щодо історії Фелікса?
   _____
   _____

10. Розділ десятий: «Що сталося з моїми дідусем та бабусею?»

З'єднай і запам'ятай

Виберіть букву, що відповідає визначенню кожного слова з історії Фелікса, і впишіть цю букву в порожнє віконце нижче. Відповіді знаходяться в кінці книги.

Слова

1. село: _____

2. тварини: _____

3. дідусь і бабуся: _____

4. небезпечний: _____

Визначення

а. щось, що може завдати шкоди

б. батьки твоїх батьків

в. живі істоти, але не люди, наприклад, корова або кінь

г. площа землі поза межами міста

Що я відчуваю?

«Поклади на Господа свої турботи,
і Він буде опікуватися тобою»
(Пс. 55:22)

Розфарбуй обличчя, які найкраще описують твої почуття

Емоції та почуття

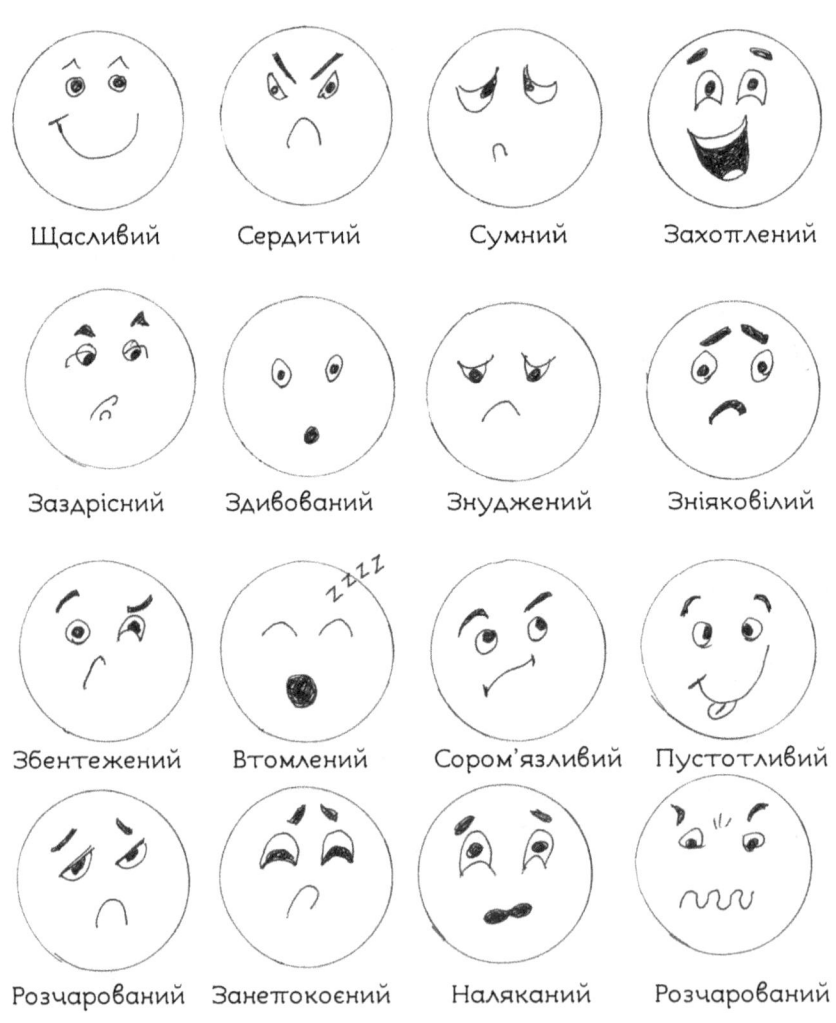

Щасливий   Сердитий   Сумний   Захоплений

Заздрісний   Здивований   Знуджений   Зніяковілий

Збентежений   Втомлений   Сором'язливий   Пустотливий

Розчарований   Занепокоєний   Наляканий   Розчарований

10. Розділ десятий: «Що сталося з моїми дідусем та бабусею?»

Як я можу допомогти

Постав позначку "Х" поруч з ідеєю, яка тобі подобається найбільше, або напиши свою власну ідею в додатковому рядку.

[ ] Я допоможу татові прибрати в сараї

[ ] Я допоможу братові годувати тварин

[ ] Я допоможу мамі розвісити випраний одяг

[ ] _____.

Як молитися

> Дорогий Господь, ми б хотіли отримати звістку від моїх дідуся і бабусі і інших знайомих. Будь ласка, збережи їх і дай їм можливість зателефонувати нам.
> І будь ласка, нехай погані люди підуть геть з нашої країни.
> Ми так втомилися від них.
> Амінь

Розфарбуй малюнок, на якому Фелікс допомагає на фермі

11. Розділ одинадцятий: «Куди поїхали мої друзі?»

Всім привіт! Я Оленка, і мені сім років.

Раніше я щодня <u>гралася</u> з <u>друзями</u>. Нам подобалося разом ходити до <u>школи</u>. А зараз у нас не залишилося школи, її розбомбили. Мої друзі поїхали в інше місто далеко звідси. Якби я знала, де вони зараз, я б теж туди поїхала. Так важко чекати, поки ми знову зможемо ходити в школу. Це мене дуже засмучує. Мама каже, що ми маємо продовжувати довіряти Богу. Вона говорить, що нам слід щодня молитися про Його допомогу.

Батьки/Опікуни:

Нижче наведено декілька запитань, які ви можете поставити своїй дитині (дітям), щоб допомогти їй (їм) краще зрозуміти і висловити свої емоції.

А як щодо ТЕБЕ?

1. Ти теж сумуєш за деякими своїми друзями, як і Оленка?
   _____

2. За ким ти сумуєш найбільше?
   _____

3. Поділись своїм улюбленим спогадом про свого друга. Що вам подобалось робити разом?
   _____

4. Чи є ще хтось, за ким ти сумуєш?
   _____

5. Як нам слід молитися Богу, щоб беріг наших друзів? Як Бог може це зробити?
   _____
   _____

6. У тебе є будь-які запитання щодо історії Оленки?
   _____
   _____
   _____

11. Розділ одинадцятий: «Куди поїхали мої друзі?»

З'єднай і запам'ятай

Виберіть букву, що відповідає визначенню кожного слова з історії Оленки, і впишіть цю букву в порожнє віконце нижче. Відповіді знаходяться в кінці книги.

Слова

1. грати: _____

2. друзі: _____

3. школа: _____

4. довіряти: _____

Визначення

а. приміщення для навчання

б. вірити комусь або покладатися на щось

в. проводити час разом з друзями за цікавими справами

г. знайомі вам люди, які не є частиною вашої сім'ї, з якими ви проводите час разом

Hello, Jesus! Where Are You?

Що я відчуваю?

«Усім своїм серцем довірся Господеві,
- і не покладайся на власний розум»
(Пр. 3:5)

Розфарбуй обличчя, які найкраще описують твої почуття

Емоції та почуття

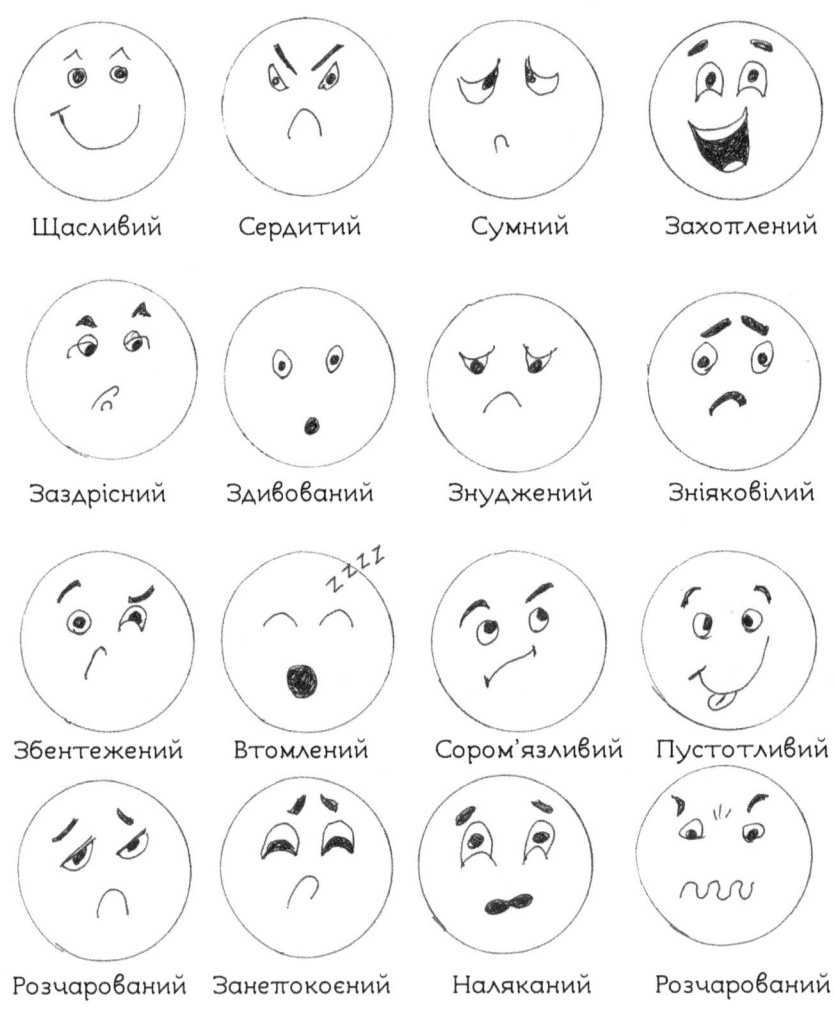

Щасливий   Сердитий   Сумний   Захоплений

Заздрісний   Здивований   Знуджений   Зніяковілий

Збентежений   Втомлений   Сором'язливий   Пустотливий

Розчарований   Занепокоєний   Наляканий   Розчарований

Як я можу допомогти

Постав позначку "X" поруч з ідеєю, яка тобі подобається найбільше, або напиши свою власну ідею в додатковому рядку.

[ ] Я намалюю своїх друзів, щоб не забути їх

[ ] Я буду задавати цікаві запитання, коли мама мені читатиме

[ ] Я буду щодня молитися за свою сім'ю

[ ] _____.

Як молитися

Боже, сподіваюсь, Ти чуєш мою молитву.
Збережи моїх друзів щасливими і неушкодженими.
Молюсь, щоб у нас якнайшвидше з'явилося нове шкільне приміщення. Прошу, збережи життя і здоров'я всіх учнів і вчителів.
Допоможи моїм батькам вибрати місце для переїзду,
щоб нам також бути у безпеці.
Амінь.

Розфарбуй малюнок, на якому Оленка читає книжку, а поруч на стіні висить малюнок її друзів

12. Розділ дванадцятий: «Чому я така налякана?»

Я Аріна! Найбільше я люблю танцювати.

Через всіх поганих людей я більше нікуди не ходжу. На дорогах небезпечно. Мама каже, що вчителі також не можуть їздити на своїх машинах. Щодня ми чуємо <u>дивні</u> звуки звідусіль. Я дуже <u>налякана</u> і тому ховаюся у <u>комірці</u>. Я не знаю, що мені робити. Ми більше не виходимо на вулицю. Коли мама вдома вчить мене танцювальних рухів, я все одно одягаю свій тренувальний <u>купальник</u>. В моєму віці мама теж займалася танцями. Вона хороший вчитель, але я все ж сумую за моїми друзями і тренерами.

Батьки/Опікуни:

Нижче наведено декілька запитань, які ви можете поставити своїй дитині (дітям), щоб допомогти їй (їм) краще зрозуміти і висловити свої емоції.

А як щодо ТЕБЕ?

1. Аріна любить танцювати. А ти що любиш робити?
   _____

2. Через війну Аріна зараз не може відвідувати уроки танців. А від чого тобі прийшлось відмовитися через війну?
   _____
   _____

3. Чи чуєш ти певні звуки, які тебе лякають?
   _____

4. Як ти реагуєш, коли їх чуєш?
   _____
   _____

5. Як я можу підтримати тебе, коли ти наляканий?
   _____
   _____

6. У тебе є будь-які запитання щодо історії Аріни?
   _____
   _____

12. Розділ дванадцятий: «Чому я така налякана?»

З'єднай і запам'ятай

Виберіть букву, що відповідає визначенню кожного слова з історії Аріни, і впишіть цю букву в порожнє віконце нижче. Відповіді знаходяться в кінці книги.

Слова

1. дивний: _____

2. наляканий: _____

3. комірка: _____

4. купальник: _____

Визначення

а. маленька кімнатка для зберігання одягу, їжі і інших речей

б. щільний костюм для виступів танцюристів, фігуристів і гімнастів

в. невідомий і незрозумілий шум чи дія

г. наповнений страхом

Що я відчуваю?

«Нічим не журіться,
але в усьому молитвою та благаннями з подякою
висловлюйте ваші прохання Богові»
(Фил. 4:6)

Розфарбуй обличчя, які найкраще описують твої почуття

Емоції та почуття

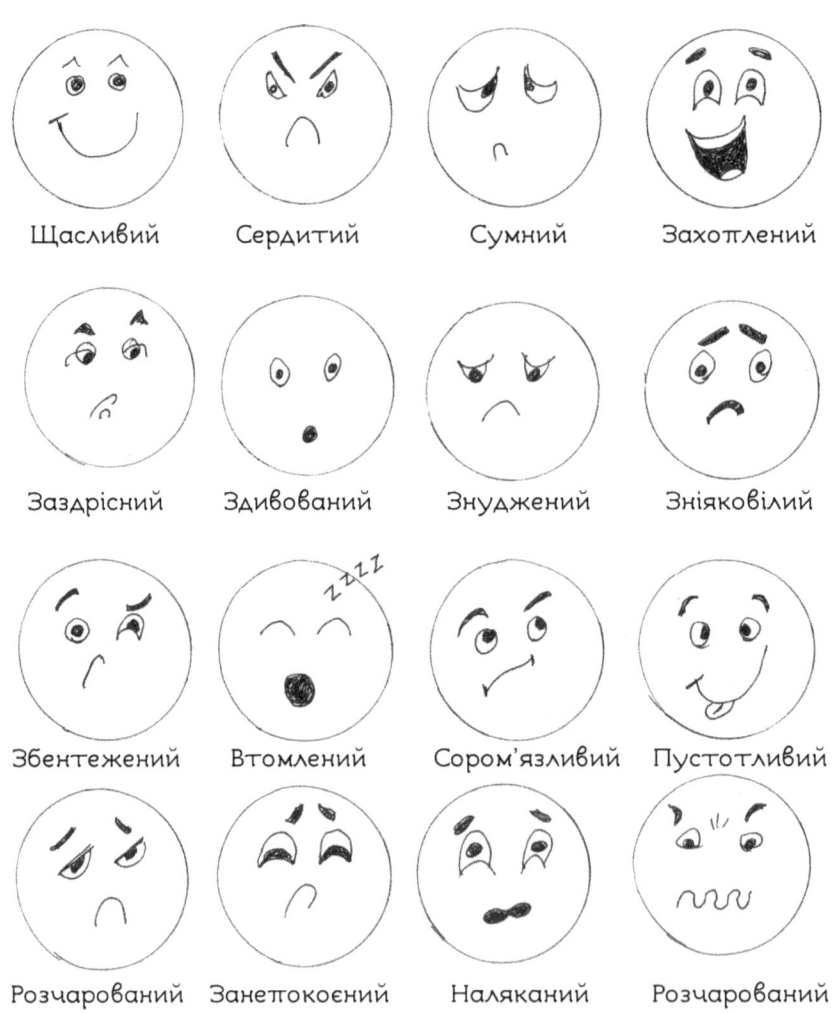

Щасливий	Сердитий	Сумний	Захоплений
Заздрісний	Здивований	Знуджений	Зніяковілий
Збентежений	Втомлений	Сором'язливий	Пустотливий
Розчарований	Занепокоєний	Наляканий	Розчарований

12. Розділ дванадцятий: «Чому я така налякана?»

Як я можу допомогти

Постав позначку "Х" поруч з ідеєю, яка тобі подобається найбільше, або напиши свою власну ідею в додатковому рядку.

[ ] Я намалюю, як ми з мамою танцюємо

[ ] Я допоможу мамі приготувати вечерю

[ ] Я не забуватиму молитися щодня

[ ] _____.

Як молитися

Любий Боже, будь ласка, допоможи нам знайти краще місце для життя. Прошу Тебе, забери з нашої країни поганих людей.
Ти міг би також допомогти моїм друзям, щоб і вони були в безпеці?
Дякую, Боже, що Ти постійно з нами!
Амінь

Розфарбуй малюнок, на якому зображені Аріна та її мама, які танцюють разом

13. Розділ тринадцятий: «Хто може допомогти?»

Всім привіт! Мене звуть Максим, мені вісім років.

Я живу у великому місті. Мій тато <u>пастор церкви,</u> в якій ми вивчаємо Біблію. Мій тато постійно зайнятий через всіх тих поганих людей, які запускають по нашій країні ракети. Йому треба з обережністю вести вантажівку, на якій він розвозить їжу всім, хто її потребує. Він возить людей до лікаря. Також він говорить з людьми про Бога, тому що їм важливо чути про Ісуса. Інколи я їзджу з ним, щоб допомогти. Мені подобається молитися за людей.

Батьки/Опікуни:

Нижче наведено декілька запитань, які ви можете поставити своїй дитині (дітям), щоб допомогти їй (їм) краще зрозуміти і висловити свої емоції.

А як щодо ТЕБЕ?

1. Тато Максима допомагає і підтримує людей в складних життєвих обставинах. Які важливі речі він робить?
   _____

2. Яким чином Максим може допомагати тату піклуватися про інших?
   _____

3. Як би ти хотів допомагати іншим людям?
   _____

4. Як розмови з людьми про Бога і Ісуса можуть їм допомогти та підтримати?
   _____

5. У тебе є будь-які запитання щодо історії Максима?
   _____

13. Розділ тринадцятий: «Хто може допомогти?»

З'єднай і запам'ятай

Виберіть букву, що відповідає визначенню кожного слова з історії Максима, і впишіть цю букву в порожнє віконце нижче. Відповіді знаходяться в кінці книги.

Слова

1. пастор: _____

2. церква: _____

3. Бог: _____

4. Ісус: _____

Визначення

а. Той, Хто створив все, що ти любиш, тому, що Він любить тебе

б. Божий Син, який прийшов на землю і жив з нами, щоб ми пізнали Бога

в. будівля, де збираються люди для вивчення Біблії і спільної молитви

г. людина, відповідальна за групу людей у вивченні Біблії

Hello, Jesus! Where Are You?

Що я відчуваю?

«Бо так Бог полюбив світ, що дав (Свого)
Єдинородного Сина, щоб кожен, хто вірить у Нього,
не загинув, але мав вічне життя»
(Ів. 3:16)

Розфарбуй обличчя, які найкраще описують твої почуття

Емоції та почуття

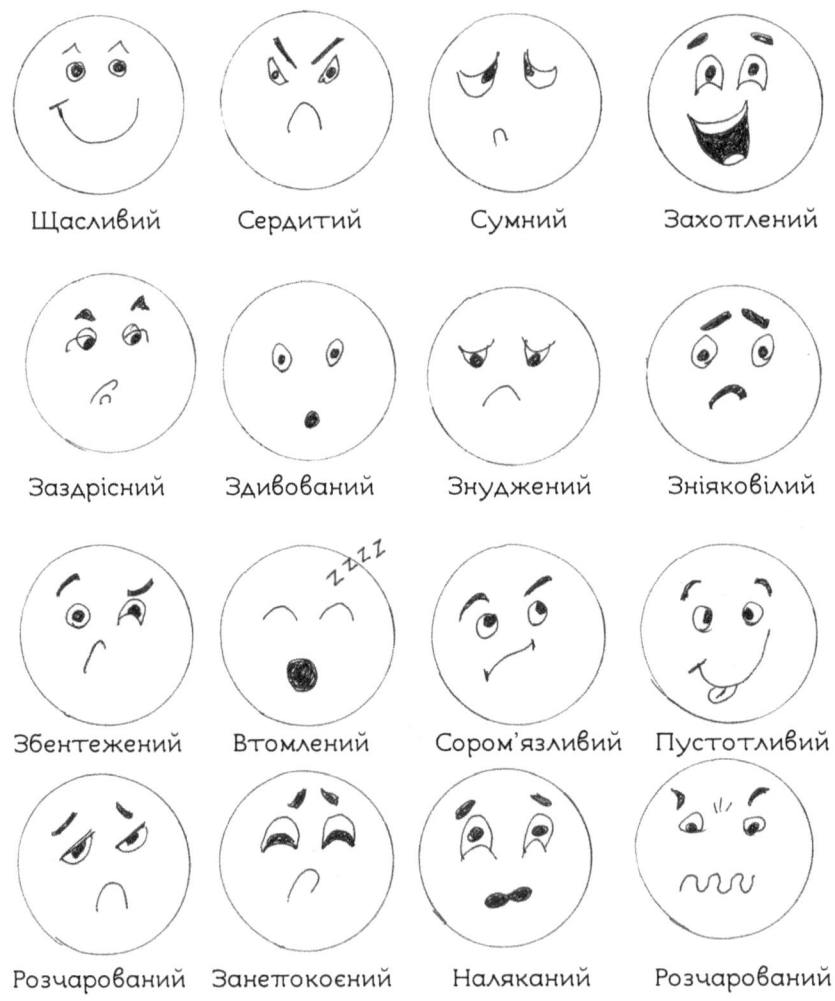

Щасливий   Сердитий   Сумний   Захоплений

Заздрісний   Здивований   Знуджений   Зніяковілий

Збентежений   Втомлений   Сором'язливий   Пустотливий

Розчарований   Занепокоєний   Наляканий   Розчарований

13. Розділ тринадцятий: «Хто може допомогти?»

Як я можу допомогти

Постав позначку "X" поруч з ідеєю, яка тобі подобається найбільше, або напиши свою власну ідею в додатковому рядку.

[ ] Я розкажу своїм друзям про Ісуса

[ ] Я завжди з радістю допомагатиму татку в церкві

[ ] Я вивчу нову пісню і заспіваю її в церкві

[ ] _____.

Як молитися

> Дорогий Господь, так багато людей потребують їжі!
> Багато людей відчувають біль. Так багато дітей плачуть,
> бо сумують за своїми мамами і татами!
> Допоможи їм сьогодні відчути Твою любов!
> Амінь.

Розфарбуй малюнок, на якому Максимко допомагає татові роздавати їжу людям

14. Розділ чотирнадцятий: «Що відбувається, коли ми помираємо?»

Мене звуть Софія. Сьогодні мені сумно.

Ми з сім'єю їздили на <u>поховання</u>. Тато одного з моїх друзів загинув на війні. Коли ми приїхали додому, я запитала в мами, як він загинув. Вона розповіла, що він був хоробрим солдатом і <u>був</u>

вбитий, звільняючи нашу країну від ворогів. Я запитала маму, куди люди потрапляють після смерті. Вона нагадала, що у Бога є місце для всіх, хто вірить в Ісуса. Це місце називається Небеса. Я запитала, чи я зможу також потрапити туди. Вона сказала: «Так!» Мені сподобалася ця відповідь.

Батьки/Опікуни:

Нижче наведено декілька запитань, які ви можете поставити своїй дитині (дітям), щоб допомогти їй (їм) краще зрозуміти і висловити свої емоції.

А як щодо ТЕБЕ?

1. Чи є у тебе друзі, чиї тато або мама загинули на війні? Якщо так, що ти можеш зробити для свого друга, щоби підтримати його?_____
_____

2. Що, на твою думку, стається з людьми після того, як вони помирають?
_____

3. Ти коли-небудь раніше чув про Небеса?
_____

4. Як ти собі їх уявляєш?
_____
_____

5. Ти знаєш, завдяки чому людина може бути впевнена, що потрапить на Небеса після своєї смерті?
_____

6. У тебе є будь-які запитання щодо історії Софії?
_____
_____

14. Розділ чотирнадцятий: «Що відбувається, коли ми помираємо?»

З'єднай і запам'ятай

Виберіть букву, що відповідає визначенню кожного слова з історії Софії, і впишіть цю букву в порожнє віконце нижче. Відповіді знаходяться в кінці книги.

Слова

1. поховання: _____

2. вбитий: _____

3. вірити: _____

4. Небеса: _____

Визначення

а. погоджуватися з тим, чого навчають або про що розповідають

б. місце, де живе Бог і куди потрапляють люди після смерті, якщо вони вірять в Ісуса

в. особлива подія на честь померлої людини

г. коли людина померла не природною смертю, але хтось або щось спричинило її смерть

Що я відчуваю?

«Коли б я пішов навіть долиною смертної тіні,
не боятимуся лиха, бо Ти зі мною.
Твій жезл і Твій посох втішатимуть мене»
(Пс. 23:4)

Розфарбуй обличчя, які найкраще описують твої почуття

Емоції та почуття

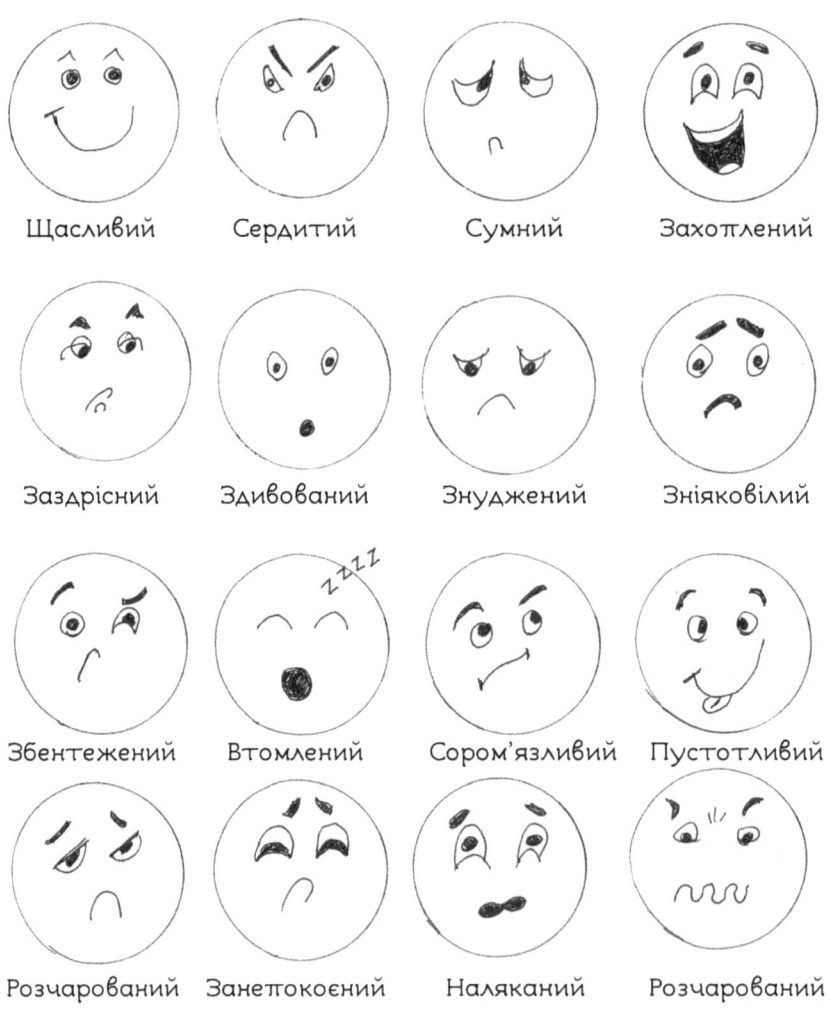

Щасливий Сердитий Сумний Захоплений

Заздрісний Здивований Знуджений Зніяковілий

Збентежений Втомлений Сором'язливий Пустотливий

Розчарований Занепокоєний Наляканий Розчарований

14. Розділ чотирнадцятий: «Що відбувається, коли ми помираємо?»

Як я можу допомогти

Постав позначку "X" поруч з ідеєю, яка тобі подобається найбільше, або напиши свою власну ідею в додатковому рядку.

[ ] Я намалюю малюнок для сім'ї мого друга

[ ] Я приготую смаколики, щоб пригостити сім'ю мого друга

[ ] Я молитимуся Богу, щоб Він відкрився їм в період скорботи за татком

[ ] _____.

Як молитися

Любий Боже, дякую Тобі, що послав Свого Сина на землю до нас.
Дякую, що я можу пізнавати Його щодня.
Дякую, що звільняєш мене від усякого страху. Молюсь, щоб Ти продовжував оберігати мене і мою сім'ю.
Будь ласка, допоможи родині мого друга відчути Твій мир і любов.
Вони будуть сумувати за своїм татком.
Амінь.

Розфарбуй малюнок, на якому зображено, як Софія готує смаколики для сім'ї свого друга

15. Розділ п'ятнадцятий: «Чи Бог насправді існує?»

Привіт! Я Андрій, мені шість років.

Через п'ять днів у мене день народження, мені виповниться сім років. Минулої суботи ми їздили в гості до однієї сім'ї. У них четверо дітей, і один з їхніх синів мого віку. Наші мами подруги. Ми поїхали до них з певної <u>причини</u> – допомогти їм <u>зрозуміти</u> істини про Бога. Мій тато добре знає Біблію. Наші друзі ставили багато <u>питань</u>, щоб переконатися, чи Бог насправді існує. Я теж слухав. Тато сказав, що ми всі маємо <u>вивчати</u> Біблію разом, щоб знайти відповіді на наші запитання.

Батьки/Опікуни:

Нижче наведено декілька запитань, які ви можете поставити своїй дитині (дітям), щоб допомогти їй (їм) краще зрозуміти і висловити свої емоції.

А як щодо ТЕБЕ?

1. Звідки татко Андрія бере інформацію, щоб відповідати на запитання людей про Бога?
   _____

2. Чи є щось, що тобі вже відомо про Бога?
   _____

3. Чи є у тебе будь-які запитання про Бога? Можливо ми зможемо разом знайти відповіді на ці запитання в Біблії?
   _____
   _____

4. Ти можеш згадати когось, хто перебуває в непростих життєвих обставинах, кому важливо було б дізнатися більше про Бога і про Ісуса?
   _____
   _____

5. У тебе є будь-які запитання щодо історії Андрійка?
   _____
   _____

15. Розділ п'ятнадцятий: «Чи Бог насправді існує?»

З'єднай і запам'ятай

Виберіть букву, що відповідає визначенню кожного слова з історії Андрійка, і впишіть цю букву в порожнє віконце нижче. Відповіді знаходяться в кінці книги.

Слова

1. причина: _____

2. зрозуміти: _____

3. ставити питання: _____

4. вивчати: _____

Визначення

а. виділити час, щоб знайти інформацію

б. коли людина хоче дізнатися більше про щось, чого вона не знає

в. пояснення, чому ви робите щось саме так, а не інакше

г. дізнатися, що думати про те, що має для вас значення

Що я відчуваю?

«Знаємо, що Божий Син прийшов і дав нам розуміння,
щоб ми пізнали Істинного і перебували в Істинному
- в Його Сині Ісусі Христі.
Він є істинний Бог і вічне життя»
(1 Ів. 5:20)

Розфарбуй обличчя, які найкраще описують твої почуття

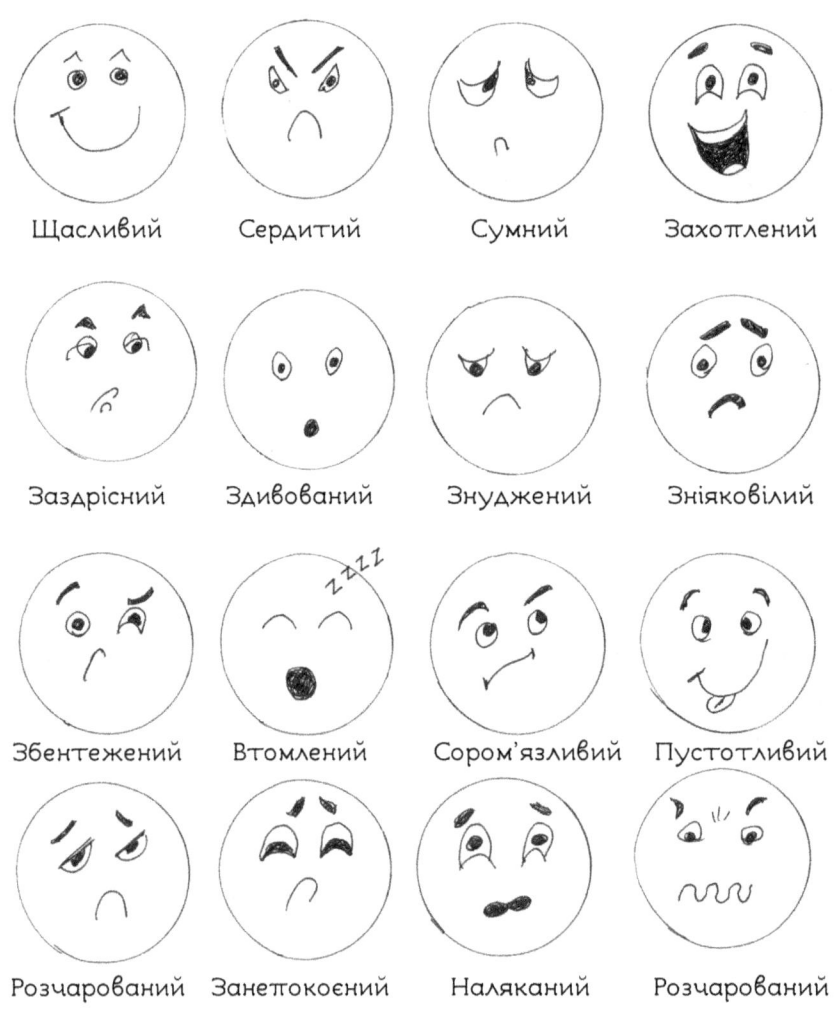

15. Розділ п'ятнадцятий: «Чи Бог насправді існує?»

Як я можу допомогти

Постав позначку "Х" поруч з ідеєю, яка тобі подобається найбільше, або напиши свою власну ідею в додатковому рядку.

[ ] Я подарую Біблію своєму однолітку, сину друзів нашої сім'ї

[ ] Я молитимусь Богу, щоб Він допомагав мені щодня добре вчитися

[ ] Я зберу букет квітів на полі і подарую мамі

[ ] _____.

Як молитися

Дорогий Бог на Небесах, Дякую Тобі за все, що Ти робиш для нас.
Допоможи нам з кожним днем розуміти Тебе краще і краще.
Допоможи нам вивчати історії про Тебе,
щоб мати змогу ділитися ними з іншими.
Я люблю Тебе, Боже!
Амінь.

Розфарбуй малюнок, на якому зображено, як Андрійко збирає квіти в полі, граючись зі своїм другом

16. Розділ шістнадцятий: «Чому мені варто повірити в Бога?»

Привіт, я Дмитрик!

Вчора я був у свого друга, ми разом дивилися фільм по телевізору. Він був про Ісуса, Божого Сина. Було дивовижно бачити, як Ісус зцілював сліпих людей. Він торкався їхніх очей, і люди починали бачити. Одного разу Він говорив до натовпу зголоднілих людей.

Маленький хлопчик подав Ісусу трохи риби і хліба, щоб нагодувати людей. Ісус помолився Богу на <u>Небесах</u>, і Бог зробив достатньо їжі, щоб нагодувати всіх тих людей. В кінці фільму батьки мого друга запитали, чи хочу я пізнати Ісуса й <u>прийняти</u> Його в своє серце. Я відповів ствердно. Коли я прийшов додому, я розповів мамі про фільм, і вона захотіла дізнатися більше. В наступний раз, сподіваюся, вона також прийме Ісуса.

Батьки/Опікуни:

Нижче наведено декілька запитань, які ви можете поставити своїй дитині (дітям), щоб допомогти їй (їм) краще зрозуміти і висловити свої емоції.

А як щодо ТЕБЕ?

1. Як, на твою думку, Ісусу вдалося зцілити сліпого, що він почав бачити?
   _____

2. Як, на твою думку, Ісусу вдалося нагодувати декілька тисяч людей?
   _____
   _____

3. Ти вже колись запрошував Ісуса в своє серце, як це зробив Дмитрик?
   _____
   _____

4. Якщо ні, чи хотів би ти зробити це зараз?
   _____

5. У тебе є будь-які запитання щодо історії Дмитрика?
   _____
   _____

16. Розділ шістнадцятий: «Чому мені варто повірити в Бога?»

З'єднай і запам'ятай

Виберіть букву, що відповідає визначенню кожного слова з історії Дмитрика, і впишіть цю букву в порожнє віконце нижче. Відповіді знаходяться в кінці книги.

Слова

1. зцілювати: _____

2. сліпий: _____

3. прийняти: _____

4. Небеса: _____

Визначення

а. місцезнаходження Бога

б. молитися про хвору людину і просити Бога забрати її хворобу

в. неспроможний бачити навколишній світ

г. відповісти ствердно і погодитися з певною ідеєю

Що я відчуваю?

«Адже через віру в Ісуса Христа ви всі
— сини Божі»
(Гал. 3:26)

Розфарбуй обличчя, які найкраще описують твої почуття

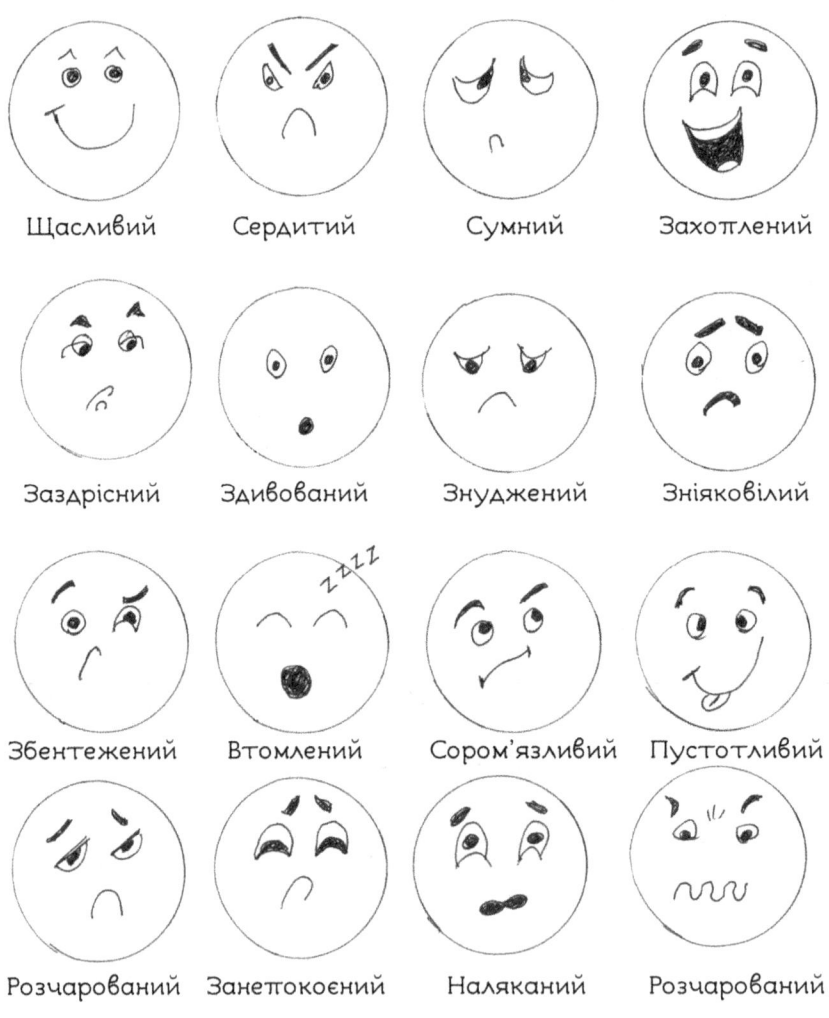

Емоції та почуття

Щасливий   Сердитий   Сумний   Захоплений

Заздрісний   Здивований   Знуджений   Зніяковілий

Збентежений   Втомлений   Сором'язливий   Пустотливий

Розчарований   Занепокоєний   Наляканий   Розчарований

16. Розділ шістнадцятий: «Чому мені варто повірити в Бога?»

Як я можу допомогти

Постав позначку "X" поруч з ідеєю, яка тобі подобається найбільше, або напиши свою власну ідею в додатковому рядку.

[ ] Я дізнаюсь більше про Ісуса і Його життя у мами і тата

[ ] Я намалюю, як Ісус зцілює сліпого чоловіка

[ ] Я дізнаюся більше про те, що значить бути Божою дитиною

[ ] _____.

Як молитися

Дорогий Боже, дякую Тобі, що прийняв мене в Свою сім'ю, як одного зі Своїх дітей. Дякую, що дарував нам Ісуса.
Мені було сумно бачити Його на хресті, але зараз я розумію, для чого це було потрібно. Він помер за мої гріхи.
Дякую, що Ти прощаєш мої гріхи. Дякую, що буду з Тобою вічно.
Я вдячний за Твою любов.
Я безсумнівно люблю Тебе також!
Амінь.

Розфарбуй малюнок, на якому зображено Дмитрика, який дивиться фільм по телевізору і молиться до Ісуса.

Молитва Дмитрика: «Любий Ісусе, будь ласка, прости мені мої гріхи і увійди в моє серце. Я хочу, щоб Ти став моїм Господом і Спасителем».

Розділ для батьків/опікунів

Вплив травми на дітей

(На що звернути увагу та як діяти в різних ситуаціях)

Розділ 1

Емоційні спалахи або ізоляція можуть виникати, коли дитина має справу з травмою, яку вона пережила сама або чула, як інші розповідають про те, що з нею трапилося. Діти реагують по-різному залежно від багатьох факторів. На них може впливати попередній травматичний досвід, постійні попередження про загрози, необхідність спати в незнайомих місцях, часті переїзди та тривале почуття небезпеки. Дітям важко усвідомити, чому їх огортає сум, а також висловити внутрішні переживання від втрати свого дому, друзів, школи, а найбільше – звичного плину життя сім'ї.

Що допомагає ... Дітям потрібно висловити свої почуття стосовно всього, що відбувалося/відбувається в їхньому світі. Дайте їм можливість проговорити те, про що вони думають. Слухаючи дитину, реагуйте з любов'ю і турботою, проте не намагайтеся миттєво виправити ситуацію. Заохочуйте дитину до вираження емоцій, будьте поруч, щоб вислухати, робіть позитивні коментарі, наприклад: «Дякую, що поділився!» Діти, які пережили травму, мають отримувати підтримку і підбадьорення щодня, це допоможе повернути їм радість у життя.

Розділ 2

Поведінка деяких людей, які завдають шкоди іншим, є однією з найскладніших концепцій для розуміння дитини. Напевно, дуже важко усвідомити, що люди, які мають зброю, починають стріляти у твоїх сусідів, друзів, а в деяких випадках і в членів сім'ї, через що село чи місто може бути захоплене ворогом. Деякі діти можуть навіть думати, що конфлікт виник через їхні вчинки або слова. Швидше за все, вони відчувають страх, який виникає, коли вони чують постріли, вибухи бомб або попереджувальні сигнали.

Що допомагає ... Пояснення маленькій дитині концепції гріховної природи, яка є в кожній людині, може допомогти їй побачити гріх в собі, а також зрозуміти, чому у світі відбуваються війни. Просте пояснення може виглядати так: Бог на небесах створив нас за Своєю подобою, але Він також дав нам розум, щоб ми могли вибирати: жити життям, наповненим добром, чи робити погані речі. Ті, хто спричиняє війну, обрали поганий спосіб життя. Ті, хто захищає нашу країну і бореться з ворогом, навіть якщо вони вирішили жити добрим життям, довіряють Богові, щоб Він допоміг їм у важкі часи.

Розділ 3

Емоції, які травма війни викликає у дитини, що живе в зоні бойових дій, можуть змінюватися щодня. Іноді дитина відчуває себе піднесеною та щасливою, тому що весело гралася з іншими дітьми. Іншого дня вона може здаватися пригніченою, бо почула про те, що хтось із її знайомих отримав поранення або загинув через війну. Такі події можуть змусити маленьку дитину проходити через такі стадії горя, як заперечення, провина, гнів, самотність, прийняття, позитивне ставлення до ситуації і, нарешті, перейти до стадії зцілення.

Що допомагає ... Обов'язково запевняйте всіх дітей, що їх люблять і що вони проходять через певні емоційні етапи, які згодом зміняться на краще. Може здатися, що вони розчаровані і не в змозі впоратися з усім, з чим їм доводиться стикатися, але Бог може зцілити будь-кого на будь-якій стадії скорботи. Він є поруч на кожному кроці і хоче, щоб життя кожної людини було сповнене радості, незважаючи на обставини, в яких вона живе щодня. Відкрите спілкування з дитиною, яка виявляє ознаки скорботи, може дати їй шанс краще зрозуміти, чому вона відчуває те, що відчуває. Ці діалоги допоможуть їй знайти надію у майбутньому.

Розділ 4

Як би батьки чи опікуни не хотіли захистити дитину від трагедій, які війна приносить людям, необхідно бути чесними з маленькою дитиною щодо того, що вона чує, бачить і як реагувати на обставини, що склалися. Важливо бути відкритим і чесним під час обговорення наслідків війни, особливо коли йдеться про смерть. У віці від 5 до 10 років багато дітей починають розуміти безповоротність смерті, але їм також слід розповісти, що відбувається з тілом, коли хтось помирає. Використовуйте прості терміни, наприклад, що тіло більше не може вдихати повітря, яке потрібне для того, щоб мозок працював, а все тіло рухалося. Коли в когось влучає куля під час бойових дій, це зазвичай відбувається миттєво. Не всі, в кого влучає куля, помирають, але їм доводиться лікуватись від поранень, отриманих під час збройного нападу.

Що допомагає ... Пояснюючи дітям про смерть, варто бути прямим і чесним, використовуючи чітку, зрозумілу для них лексику, відповідно віку дитини. Спочатку поясніть, що кожна людина колись помре. Існує багато причин смерті: хвороба, автомобільна аварія, утоплення, пожежа в будинку і, звичайно, смерть може статися внаслідок того, що люди змушені воювати, захищаючи свою країну. Розкажіть дітям про культурні особливості похорону в кожній країні, щоб вони знали, чого очікувати, коли хтось із їхніх знайомих помре і буде похорон. Обов'язково заспокоюйте дитину, давайте їй час на осмислення почутого. Дозвольте їй ставити запитання і уважно слухайте, щоб зрозуміти, як дитина сприймає інформацію про смерть.

Розділ 5

Коли дитина повинна швидко зібрати валізу і покинути єдиний дім, який вона коли-небудь знала, це викликає у неї багато тривоги і страху. Дитині важко втамувати страх перед невідомістю. Якщо страхи дитини не обговорюються за допомогою відкритого спілкування, список страхів з роками стає довшим. Оскільки існує багато видів травм, які можуть пережити діти, що живуть у зоні бойових дій, дозвольте їм ставити запитання і запевніть їх, що дорослі люди теж мають страхи. Розкажіть їм про те, як ви справляєтеся зі страхами, адже їм буде легше, якщо вони знатимуть, що є способи подолати будь-який страх. Розмови про Бога під час цих дискусій мають вирішальне значення для процесу зцілення.

Що допомагає ... Обов'язково дайте зрозуміти дитині (дітям), що ви серйозно ставитеся до їхніх страхів, бо знаєте, що вони реальні для них. Можливо, вам доведеться надати їм інформацію про воєнну ситуацію, яку вони пережили, як пояснення, чому вам довелося покинути будинок, де ви завжди жили, через потенційні руйнування. Повідомте їм, що ви хочете, щоб вони завжди були в безпеці, і що до закінчення війни вам всім, можливо, доведеться трохи переїжджати, щоб забезпечити їхню повну безпеку. У цей час невизначеності дуже важливо зберігати сімейні звичаї та дотримуватися певних ритуалів. Сподіваємося, що ви зможете встановити спільний час прокидання, час для обіду, для виконання шкільних завдань тощо. Незалежно від того, якою є ваша життєва ситуація, звичний розпорядок дня дає дітям відчуття стабільності та безпеки.

Розділ 6

Думка про розлуку з одним з батьків може викликати у дитини надмірну тривогу, особливо якщо вона не розуміє, чому обоє з батьків не можуть бути з нею постійно. Дуже важливо допомогти дитині зрозуміти, що робить той з батьків, хто не знаходиться поряд, це буде частиною вирішення проблем, спрямованих на подолання травми, отриманої під час війни. Діти відчувають втрату не лише тоді, коли батьки не поряд, але й мають велику діру в серці, коли не можуть відсвяткувати свій день народження, на який вони так чекають. Вони будуть сповнені смутку, який вони навіть не до кінця розуміють, але це час, щоб допомогти їм, проявляючи до них ще більше любові, ніж у звичайний день.

Що допомагає ... Переконайтеся, що діти не вважають, що їхні батьки відсутні протягом тривалого часу через те, що саме вони зробили щось не так. Візуальні засоби допоможуть їм зрозуміти, що відбувається насправді. Корисно скласти карту відстані між місцем перебування дітей і місцем роботи їхнього тата. Пояснення того, чому тата немає вдома через його роботу і чим він зараз займається, може допомогти дитині краще сприйняти його відсутність. Деякі практичні ідеї: завести невеликий щоденник і щодня виділяти час для того, щоб написати записку татові або намалювати малюнок і поставити дату на сторінці. Розвішуючи фотографії тата по всій кімнаті, діти можуть згадати час, коли було зроблено кожну з них. Такі спогади можуть викликати посмішку на їхніх обличчях. Є багато речей, які можна зробити, щоб заспокоїти дитину, коли вона почувається самотньою або не в настрої, але найбільше, що можуть зробити батьки/вихователі, - це являти багато любові в цей важкий час.

Розділ для батьків/опікунів

Розділ 7

Люди по-різному реагують на травму війни, особливо під час повернення додому після тривалої відсутності. Доросла людина, яка воювала на війні, може мати стан, який називається посттравматичним стресом, і їй важко знову пристосуватися до цивільного життя. Вони не будуть поводитися так, як зазвичай поводилися до війни, тому що травма або поранення спричинили порушення гормонального балансу. Деякими з симптомів можуть бути гнів, постійне почуття пригніченості, неможливість заснути через нічні кошмари, гостра реакція на гучні звуки, надмірне вживання алкоголю та/або постійне відчуття, що вони збожеволіли. Неушкоджені члени родини мають навчитися допомагати травмованому війною члену родини у цей вирішальний перехідний період, тому що завжди є надія, що зцілення прийде, якщо всі члени сім'ї розуміють, що відбувається, і надають підтримку.

Що допомагає ... Як тільки дитина зрозуміє, що рани, отримані її батьком на війні, проявляються у вигляді ПТС, їх не можна побачити, як подряпину чи перелом руки, вона може стати частиною процесу зцілення. Щоденна молитва про зцілення спрямовує думки до Бога. Коли солдат повертається з війни з невидимими ранами, подвійні прояви турботи і любові з боку членів його сім'ї можуть стати першими кроками до повернення надії на майбутнє. Коли травма війни торкнулася одночасно всіх членів родини, слова підбадьорення з Біблії можуть стати ключовим фактором і джерелом миру на їхньому спільному шляху зцілення. Важливо знати, що коли у когось із членів сім'ї з'являються тригери або стреси, такі як розчарування, відчуття самотності, втрати контролю, нерозсудлива поведінка або інші неприродні реакції, важливо принести ситуацію до Бога в молитві.

Розділ для батьків/опікунів

Розділ 8

Не кожна дитина переживає дитячий травматичний стрес після пережитої травматичної події, але ті, хто має реакцію стресу, можуть одужати. Дуже важливо пильно стежити за дітьми, які особисто пережили травму війни. Існує декілька видів реакцій дитини, як наслідок багаторазового переживання травми в її свідомості. Зверніть увагу на спалахи плачу або крику, втрату апетиту та тривале усамітнення. Зовнішній вигляд пошкодженої машини може несподівано різко підвищити рівень страху. Тому замість того, щоб ігнорувати ситуацію і казати дитині, що вона має справитися з нею, батьки або опікуни повинні знайти час, щоб запевнити її, що зміни, які їм доведеться пережити, наприклад, переїхати в інше місце, допоможуть уникнути небезпеки.

Що допомагає ... За належної підтримки багато дітей можуть адаптуватися до такого досвіду та подолати його. Доросла людина, яка піклується про дитину, відіграє ключову роль у тому, щоб запевнити дитину, що їй ніщо не загрожує. Щодня говоріть про позитивні рішення, які приймаються для того, щоб усі були в безпеці. Поясніть дитині, що вона не несе відповідальності за те, що сталося. Діти часто звинувачують себе навіть у тих подіях, які повністю знаходяться поза їхнім контролем. Наберіться терпіння. Не існує стандартного терміну зцілення. Деякі діти відновлюються швидко. Інші одужують повільніше. Намагайтеся підтримати дитину і запевнити її, що вона не має відчувати провину або соромитися своїх почуттів чи думок. Заведіть щоденник, в якому дитина буде записувати відповіді на свої запитання, це буде чудовою підтримкою і підтвердженням певного прогресу у процесі зцілення.

Розділ 9

Діти, травмовані несподіваною втратою батьків і змушені жити в інтернаті, можуть переживати повторювані нічні кошмари, проблеми зі сном, підвищену пильність, проблеми з концентрацією уваги, стійкі негативні емоційні стани, втрату інтересу до важливих видів діяльності та відчуття відчуженості. Вихователям необхідно відслідковувати всі прояви травми, а також щодня виражати любов і підтримку в піклуванні про благополуччя дітей, які пережили таку велику втрату в юному віці. Кожній дитині в дитячому будинку важливо мати особисті розмови з тими, хто піклується про неї, і мати можливість ставити запитання, а також отримувати належні відповіді.

Що допомагає ... Дитячий будинок несе відповідальність за те, щоб кожна дитина отримувала харчування, необхідне для її гарного здоров'я. Вони повинні мати все необхідне для того, щоб освітній процес відбувався згідно потенціалу та здібностям дитини. Атмосфера дитячого будинку має підкреслювати, що вони є однією великою родиною, і всі вони можуть любити і піклуватися один про одного. Для правильного розвитку кожного з дітей-сиріт важливо, щоб розпорядок дня був структурований і наповнений розумовою, фізичною та соціальною діяльністю. Навчання життєвим навичкам, як доповнення до академічних предметів, підготує дітей-сиріт до дорослого життя, коли вони вийдуть з дитячого будинку.

Розділ 10

Повсякденне життя, порушене тероризмом і наслідками війни, вносить невизначеність у процес мислення маленької дитини. Їм важко зрозуміти, чому спілкування з бабусями і дідусями тепер неможливе або відбувається не так, як раніше. Якщо батьки або опікуни знайдуть час, щоб пояснити, що означає кожна з подій, які приносять невизначеність в життя дитини, то діти зможуть навчитися стійкості та краще адаптуватися, коли зрозуміють, що насправді відбувається, коли травматичні події трапляються з ними особисто. Втрата близької людини викликає справжнє почуття горя, але щирі обговорення, спрямовані на те, щоб дати дитині надію на нову зустріч в майбутньому, дають їй певну емоційну стабільність.

Розділ для батьків/опікунів

Що допомагає ... Чудовим рішенням у цей емоційно напружений для всіх членів сім'ї час може бути складання спільного плану. Цей план може включати час для запитань і відповідей, час для молитви, для ігор, час для читання і будь-що інше, чого можна з нетерпінням чекати кожного дня. Проаналізуйте сильні сторони та здібності і переконайтеся, що у кожної дитини є можливість зробити щось, що допоможе їй відчути себе успішною. Якщо дитина любить малювати, забезпечте її папером, кольоровими олівцями тощо і зосередьтеся на малюванні малюнків, які вона зможе показати тим членам своєї сім'ї, з якими вона знову возз'єднається у майбутньому. Завжди корисно мати позитивну перспективу, незважаючи на воєнну ситуацію.

Розділ 11

Соціальні навички дуже важливі в період розвитку дитини. Коли вона відчуває, що у неї немає друзів, це може призвести до депресії, тривоги або інших негативних наслідків. Здатність проаналізувати причину, чому дитина може сумувати після того, як її друзі поїхали, є першим кроком до того, щоб допомогти їй. Здатність дитини до соціальної взаємодії, комунікації та емоційного інтелекту є запорукою її гарного розвитку в подальшому житті. Важливо допомогти їй знайти нових друзів або заходи, в яких вона може брати участь, це сприятиме розвитку життєвих навичок. Нелегко формувати стосунки на різних етапах життя дитини, якщо вона не матиме цього досвіду на кожному етапі свого розвитку.

Що допомагає ... Навчання соціальним навичкам може бути цікавим заняттям для всіх членів сім'ї. З раннього дитинства вчіть дитину потискати руку і дивитися в очі при розмові з іншою людиною - подібні навички дадуть їй впевненості у собі. Вміння говорити приємне іншій людині, наприклад, комплімент її одягу чи зачісці, може принести радість як дитині, яка говорить добрі слова, так і тому, хто отримує слова підбадьорення. Гуляючи з дітьми на природі, вчіть їх описувати те, що вони бачать, і те, що вони відчувають у зв'язку з побаченим. Рольові ігри, в яких члени сім'ї вітаються один з одним, запитують дорогу тощо, сприяють зміцненню впевненості. Вміння дякувати іншим також є корисною навичкою, яку варто відпрацьовувати. Здатність дитини не розгубитися, коли до неї звертається інша дитина, або доросла людина ставить запитання, може призвести до продуктивного й успішного життя навіть сором'язливої дитини.

Розділ 12

Зміни в розпорядку дня можуть викликати стрес у дітей раннього віку, якщо до них не ставитися належним чином. У міру того, як діти ростуть і відбувається становлення їхнього характеру, батьки та вихователі відіграють ключову роль у позитивному сприйнятті змін. Швидше за все, короткого пояснення суті змін і того, як вони впливають на динаміку сім'ї, буде достатньо, щоб дитина впоралася з ними. Деякі діти легше переносять будь-які зміни, але для інших цей досвід може призвести до надмірного стресу та тривоги. Ось чому так важливо, щоб між дорослими і дітьми відбувався відкритий діалог, щоб усі члени сім'ї трималися разом, переживаючи незвичайний новий досвід.

Що допомагає ... Найважливіший аспект допомоги дитині, яка проходить крізь зміни, - дозволити їй виражати свої почуття, коли вона засмучена. Запевнивши її в тому, що розчаровуватися чимось - це нормально, ви даєте дитині можливість поділитися думками про те, чому вона почуває себе саме так, а не інакше. Як вже згадувалося раніше, дотримання розпорядку дня і структурований графік допомагають дитині мати відчуття захищеності, незалежно від того, чи цей розпорядок відрізняється чи повністю подібний до звичного дитині. Підтримання спокійної атмосфери може мати велике значення для зміцнення довіри дитини до ваших слів. Дитина повірить, що станеться саме так, як ви говорите, і що ваша пропозиція принесе позитивні зміни в довгостроковій перспективі. Звичайно, коли зовнішній світ неможливо контролювати, як, наприклад, під час війни, збереження позитивного настрою і дотримання безпеки, як частини повсякденного життя, значно допоможе всім пройти крізь періоди неминучих змін.

Розділ 13

Пізнання Ісуса як особистого Спасителя може повністю змінити динаміку того, як дитина, сім'я чи окрема людина справляється з будь-якою травмою. У Бога з самого початку був план любити всіх людей у світі, але гріх прийшов у світ і спричинив хаос, невігластво і невпевненість. Але як тільки людина, по-перше, помолиться, визнаючи існування Бога і свою віру в Ісуса, по-друге, почне читати і вивчати Біблію, щоб зростати у вірі, як християнин - життя поступово набуває нового виміру. Метою Ісуса було змінити світогляд про те, як жити прощеним життям, як любити інших і як підтримувати постійний зв'язок з Богом через молитву. У Новому Завіті Біблії в Івана 1:12 є такі слова: «А тих, що прийняли Його (Ісуса), що увірували в Його (Ісуса) ім'я, Він уповноважив бути Божими дітьми».

Що допомагає ... Щоб запросити Ісуса в будь-яке серце в будь-якому віці, повторюйте наступну молитву: "Дорогий Боже, я вірю, що Ісус – Твій Син. Дякую Тобі за те, що Ісус помер на хресті за мої погані вчинки. Будь ласка, прости мені мої погані вчинки. Я прошу, щоб Ісус завжди був зі мною і в мені. Допоможи мені бути такою людиною, якою Ти хочеш мене бачити. Дякую, що відповів на мою молитву". Особисті стосунки з Богом дуже важливі для кожної людини, незалежно від її віку. Ти можеш бути впевнений, що Бог прощає, Бог любить і, найголовніше, Бог слухає і відповідає на наші молитви. Іноді відповідь - НІ. Іноді відповідь - ЗАЧЕКАЙ. Але найчастіше відповідь Бога – ТАК. Дуже важливо вчити дітей молитися і розмовляти з Богом. Це формує духовний аспект життя дитини, який буде продовжувати свій розвиток у дорослому житті.

Розділ 14

Коли людина в молитві запросила Ісуса у своє життя, вона стає християнином. Важливо вивчати Біблію, щоб по-справжньому зрозуміти, що означає бути християнином і як жити християнським життям. Життєво необхідно зрозуміти, чому Святий Дух відіграє таку важливу роль у тому, як ми зростаємо в пізнанні Бога. Коли ми запросили Ісуса у своє життя, Святий Дух приходить у наші серця, щоб допомогти нам. Ісус прийшов на землю на деякий час, щоб почати змінювати світогляд людей про Бога. Потім Він повернувся на небо, щоб бути з Богом. Тепер настала черга Святого Духа бути всередині кожного віруючого, щоб заохочувати, благословляти, забезпечувати, захищати і робити багато іншого. Робота Святого Духа на землі - бути речником Бога.

Що допомагає ... Серед іншого, Святий Дух допомагає людям, навіть маленьким дітям, жити життя, сповнене любові, радості, миру, терпіння, доброти, милосердя, вірності, лагідності та стриманості (Гал. 5:22- 23). Якщо людина не намагається зростати у своїй вірі, вона, швидше за все, не побачить змін у своїй гріховній поведінці. Діти можуть бачити різницю між добром і злом на прикладі переглянутих мультфільмів або прочитаних оповідань. Щоб жити життям, яке приносить особливий Божий мир, кожна людина повинна визнати свою потребу попросити прощення у Бога. Коли Бог дає людині розуміння того, що є гріхом, а що ні, людина може попросити у Господа прощення і подякувати Йому за дароване прощення. Ніхто не є досконалим, але людина може усвідомити дії, думки чи слова, які називаються гріхами. Батьки та вихователі повинні бути готові допомогти маленьким дітям побачити різницю.

Розділ 15

Тема смерті та раю може бути складною для розуміння маленькими дітьми, але використання відповідних віковим особливостям термінів і понять допоможе їм у цьому. Наприклад, смерть настає, коли тіло людини перестає працювати. Причиною смерті може бути хвороба, нещасний випадок, утоплення, поранення на війні. Всі ці причини, через які тіло людини перестає працювати, можуть бути пов'язані з травмами або хворобами серця чи мозку. Це важливі органи, тому що вони підтримують життя в організмі завдяки своїй роботі. Дитина може поставити запитання про те, що відбувається з тілом після смерті. Варто пояснити, що тіло кладуть у труну, а потім ховають глибоко в землю, виявляючи таким чином повагу до померлої людини. Зазвичай влаштовують похорон, щоб відсвяткувати життя, яке прожила ця людина.

Що допомагає ... У Біблії є багато віршів, які пояснюють, що таке небо і де воно знаходиться. Наприклад, ви можете перефразувати Об'явлення 21:4, сказавши: "На Небесах Бог піклується про те, щоб нікому не хотілося плакати. Ніхто не помирає на Небесах і не почувається погано. Там всі щасливі". В Першому посланні до Солунян 4:13-18 розповідається про те, як всі, хто вірить, що Ісус любить їх і помер за них, одного дня будуть жити разом на Небесах. Всі знову будуть разом і житимуть вічно з Ісусом. Знання про Небеса можуть дати міцне відчуття надії на майбутнє, коли діти дізнаються, що ще однією перевагою віри в Ісуса є те, що віруючі люди потраплять на Небеса і житимуть там вічно або безкінечно. Запевніть дітей, що Божа любов ніколи не зникає. Він завжди буде посилати Свою любов у будь-який час і весь час. Дітям слід постійно читати біблійні історії, які допоможуть їм пам'ятати про те, що пропонує Бог, незважаючи на їхні повсякденні обставини, спричинені війною.

Розділ 16

Сім'ї, яка раніше ніколи не думала про Бога, прийдеться засвоїти багато уроків, щоб побачити реальні зміни у своєму житті. В обставинах, в яких сім'я раніше переживала страх, вони можуть навчитись довіряти Богові, як це описано в Псалмі 28:7а, і тоді вони

Розділ для батьків/опікунів

зрозуміють, що Бог дає їм Свою силу, щоб проходити випробування. «Господь - моя Сила і мій Щит». Якщо здолав смуток, вони прочитають у Посланні до Римлян 15:13: «Нехай Бог надії наповнить вас усякою радістю та миром у вірі, щоб ви переповнилися надією силою Святого Духа». Божа сила завжди доступна будь-кому в будь-якому віці, тож Послання до Филип'ян 4:13 дає нам впевненість у тому, що ми маємо силу від Бога в усіх життєвих проблемах. Ще один вірш серед багатьох хороших віршів знаходиться в 2 Тимофія 3:16: «Усе Писання богонатхненне і корисне до навчання, до виявлення помилок, до виправлення, до виховання характеру, щоб людина, яка належить Богові, була до всього доброго готова».

Що допомагає ... Існує багато посібників, які допомагають сформувати навички, необхідні нам у житті. Існують музичні книги, які допоможуть нам навчитися грати на музичних інструментах і співати пісні. У будь-якому виді спорту або грі є книги правил, які вчать правилам, яких потрібно дотримуватися, щоб досягти успіху під час змагань. Ми також повинні розглядати Біблію, як путівник християнського життя. Вона містить настанови, історії, вірші, молитви та мудрі слова, які допомагають нам зрозуміти Ким є Бог і хто є ми, коли слухаємося Божого Слова. В Біблії можна знайти відповідь на будь-яке питання. Важливо подбати про те, щоб у кожного була своя Біблія відповідно до віку, щоб вивчати і читати про Бога, Ісуса і Святого Духа. Також важливо збиратися з іншими віруючими, щоб поклонятися Богу і спілкуватися один з одним. Саме в такому оточенні зміцнюються значущі стосунки, які триватимуть все життя.

Молитва за дітей

Господи, іноді мене охоплює почуття безнадії, коли я молюся за дітей України. Їм довелося так багато постраждати від рук тих, хто розпочав цю війну. Оточи їх Своєю надзвичайною любов'ю і дай їм все необхідне для зцілення, щоб вони змогли відчути Твою присутність, а головне – не відчувати себе самотніми.

Нехай поруч з ними будуть ті, хто їх любить, бажає їм тільки найкращого і розуміє, як ця війна вплинула на них.

Господи, закінчи цю війну і зроби життя цих людей кращим. Даруй Твого розуміння дітям, які заплуталися. Дай сили тим, хто виснажений невизначеністю.

Даруй благословення там, де почуття безнадії охопило цілі родини. Ми хочемо довіряти Тобі зараз і назавжди, завдяки тому, що Ти послав Ісуса на хрест. Просимо, щоб Ти втрутився і приніс надію всім, кому це необхідно. Ми любимо Тебе. Амінь.

Молитва за батьків і опікунів

Господи, ми збентежені тим, що ця війна триває так довго і ніяк не завершиться. Ми розчавлені тим, скільки сімей постраждало від наслідків війни. Ми не до кінця розуміємо ситуацію, але щиро віримо, що Ти все контролюєш, і хочемо довіряти Тобі, незважаючи ні на що.

Боже, ми знаємо, що не можемо змінити ситуацію, але ми віримо, що Ти є Той, хто може відкрити двері свободи.

Просимо Тебе, щоб ми, батьки і опікуни, були сильними завдяки Твоїй силі і люблячими завдяки Твоїй любові до наших дітей. Будь ласка, дай нам витривалості, щоб ми могли бути добрим прикладом для наших близьких.

Ми можемо робити все це лише з Твоєю допомогою. Дякуємо за все, що Ти вже зробив, робиш і ще будеш робити у майбутньому. Ми любимо Тебе і довіряємо Тобі завжди. Амінь.

Про автора

Під час короткострокової місіонерської поїздки Шеррі та її команда працювали на кордоні Угорщини та України з травмованими сім'ями, яких привезли до сімейного табору, організованого капеланами української армії. Багато з них добиралися потягом більше доби, шукаючи надії та зцілення в таборі під керівництвом Шеррі та її команди. Один погляд в їхні втомлені очі змінив Шеррі назавжди. У той момент вона зрозуміла, що повинна зробити більше.

Покликана діяти, Шеррі вклала свій багаторічний досвід викладання у створення посібника для зцілення травм, розробленого спеціально для наймолодших жертв війни. Ця прониклива книга була задумана як м'який, додатковий і творчий ресурс для батьків і вихователів, який вони можуть використовувати для дітей віком від п'яти до восьми років.

Шеррі є автором шести книг, частина з яких покликана допомогти дітям зрозуміти і впоратися з ситуацією, коли один з батьків страждає від посттравматичного стресу (ПТС) і посттравматичного стресового розладу (ПТСР), спричинених руйнівними наслідками війни. Місіонерка, яка захоплюється автоперегонами NASCAR і подорожує світом, Шеррі також із задоволенням ділиться любов'ю Ісуса, особливо з дітьми. Шеррі та її чоловік живуть у Флориді, де вони насолоджуються сонячним світлом і візитами свого одруженого сина та чарівної онуки. Ви можете зв'язатися з Шеррі за адресою sherrybarronbooks@gmail.com.

~

Про художника-ілюстратора

Коли ви знайомитесь з обдарованою молодою художницею, до того ж українкою, ви не можете не замилуватися красою її робіт, особливо знаючи, що вони натхненні любов'ю до її Батьківщини. Бог благословив Шеррі та Анна Бровко, талановиту студентку коледжу, яка прагне зробити кар'єру в світі мистецтва, особливими відносинами. Ця книга народилася з їхньої неймовірної зустрічі.

Ми були безмірно благословенні, що Анна погодилася взяти участь у цьому проекті, встигаючи одночасно навчатися в коледжі. Вона втілила в ілюстраціях задум автора, спираючись лише на словесні описи. Її творчість, серце та відданість справі сяють на кожній сторінці.

Дякую! Ти молодець!

Про перекладача українською мовою

Незліченна кількість історій ще чекає свого часу - історії мужності, болю та надії. Кожна українська родина, яка була вимушена покинути рідну домівку, відправила своїх близьких на фронт боротися за свободу, пережила трагедію і смерть, або ж щодня живе в постійній небезпеці, заслуговує на нашу найглибшу повагу і захоплення. На момент друку цієї книги понад сім мільйонів українців покинули країну, і майже чотири мільйони стали внутрішньо переміщеними особами.

Про перекладача українською мовою

Ми особливо вдячні нашій перекладачці. Її здібності до володіння іноземними мовами відіграли важливу роль у створенні цієї книги. Вона та її чоловік віддано служать своїм співвітчизникам з мужністю та співчуттям, знаходячись пліч-о-пліч з тими, хто страждає.

Ми просимо вас щодня згадувати народ України в молитві, просячи Бога захистити, зміцнити і підтримати всіх українців в період, коли вони стикаються з тривалими випробуваннями і стражданнями, які ніхто ніколи не повинен переживати.

Дякуємо за ваші молитви та підтримку!

Ресурси

Поради наставникам та дітям щодо використання цього ресурсу.

1. Ця книга може використовуватися різними способами. Наприклад, батьки або опікуни можуть читати книгу разом з дитиною або групою дітей. Рекомендується проводити заняття щодня. Наступного дня повторіть вивчене напередодні і поцікавтеся, чи хтось хоче висловити свої почуття або роздуми щодо ситуації, описаної в попередньому розділі.
2. Старші діти, які вже уміють читати, можуть використовувати цю книгу для самостійного вивчення та молитви. Після прочитання кожного розділу вони можуть звернутися до дорослого, щоб розказати, що вони дізналися з кожного розділу. Дорослий може задати питання, що містяться в розділі «А як щодо ТЕБЕ?», і провести змістовну дискусію. Також можна попросити дітей переказати невеличку історію і продемонструвати вивчені значення слів з розділу «З'єднай і запам'ятай».
3. У шістнадцятому розділі історія розповідає про Дмитра, який дивиться фільм про Ісуса і розуміє, що йому потрібно прийняти Христа в своє серце. Молитва в кінці фільму звучить приблизно так, як написано нижче, і ви можете її

Ресурси

використовувати, якщо фільм недоступний у вашому регіоні. Ви можете промовляти кожну фразу, а ваша дитина буде повторювати слова за вами.

**Дорогий Боже, я вірю, що Ісус є Твоїм Сином.
Дякую Тобі за те, що Ти дозволив Йому
померти на хресті за мене.
Пробач мені за все, що я зробив неправильно.
Я хочу попросити Ісуса бути зі мною в моєму серці назавжди.
Допоможи мені бути такою людиною, якою Ти хочеш,
і дякую Тобі за відповідь на цю молитву. Амінь!**

4. Для більш глибокого розуміння християнського життя відвідайте сайт crustore.org, де ви знайдете додаткові матеріали.
5. Для подальшого ознайомлення з перекладами Біблії та додатковими матеріалами відвідайте сайт biblegateway.com.

З'єднай і запам'ятай - відповіді

Розділ перший: 1в, 2г, 3а, 4б
Розділ другий: 1б, 2в, 3г, 4а
Розділ третій: 1в, 2г , 3а, 4б
Розділ четвертий: 1в, 2г, 3б, 4а
Розділ п'ятий: 1в, 2а, 3г, 4б
Розділ шостий: 1г, 2а, 3б, 4в
Розділ сьомий: 1б, 2в, 3г, 4а
Розділ восьмий: 1б, 2а, 3г, 4в
Розділ дев'ятий: 1б, 2в, 3г, 4а
Розділ Десятий: 1г, 2в, 3б, 4а
Розділ одинадцятий: 1в, 2г, 3а, 4б
Розділ дванадцятий: 1в, 2г, 3а, 4б
Розділ тринадцятий: 1г, 2в, 3а, 4б
Розділ чотирнадцятий: 1в, 2г, 3а, 4б
Розділ п'ятнадцятий: 1в, 2г, 3б, 4а
Розділ шістнадцятий: 1б, 2в, 3г, 4а

Більше книг від Deep Waters Books

Щоб переглянути більше чудових книг, виданих видавництвом Deep Waters Books,
перейдіть на сайт www.deepwatersbooks.com або проскануйте QR-код нижче:

www.ingramcontent.com/pod-product-compliance
Lightning Source LLC
LaVergne TN
LVHW062318070526
838202LV00051B/4126